Nur ein paar Stündchen

Nix wie raus, ganz schnell ins Grüne. Auch mit wenig Zeit lässt sich Großartiges erleben. Kleine und große Abenteuer warten direkt vor der Haustür.

4 H

Raus für einen Tag

Man muss nicht das Land verlassen, um neue Welten zu entdecken. Einfach mal einen Tag lang raus aus dem Alltagsallerlei und rein in die Natur.

12 H

Ferien für ein Wochenende

Warum auf die große Auszeit warten, wenn man einen erquicklichen Wochenendtrip ins nahe Umland machen kann? Vergnügen, Abenteuer und Wohlgefühl kompakt und intensiv.

36 H

Abenteuer **ESKAPADEN**

AUSZEIT AUSGLEICH FUN

Wochenende

STADT.LAND. FLUSS.

FREE **LEICHTIG-**
ERLEBEN **KEIT**

GRÜN kleine Fluchten

wege Lebensfreude NATUR

GLÜCK von Loni Liebermann

LIEBE LESERIN,
LIEBER LESER,

was ist eigentlich die Eifel? Da sind so unterschiedliche Landschaften wie die weiten Moore des Hohen Venns, die dramatischen Felsenschluchten der südwestlichen Eifel, das von der Sonne verwöhnte Ahrtal mit seinen exzellenten Rotweinen oder die Kraterlandschaft der Vulkaneifel. Genau diese Vielfalt macht die Eifel spannend und immer wieder überraschend.

Sie bietet so viele Möglichkeiten, die Schönheit der Natur zu erleben und die Einzigartigkeit des Augenblicks zu genießen. Hauptsache raus ins Grüne. Ob für einen kurzen Spaziergang, einen Tagesausflug oder ein Wochenende. Es gibt unglaublich viel zu entdecken! Zu jeder Jahreszeit.

Viele wunderbare Eskapaden in der Eifel wünscht Ihnen, dir und euch

AUSZEIT. ABENTEUER.
LEBENSFREUDE.

1. KAPITEL
ABSTECHER

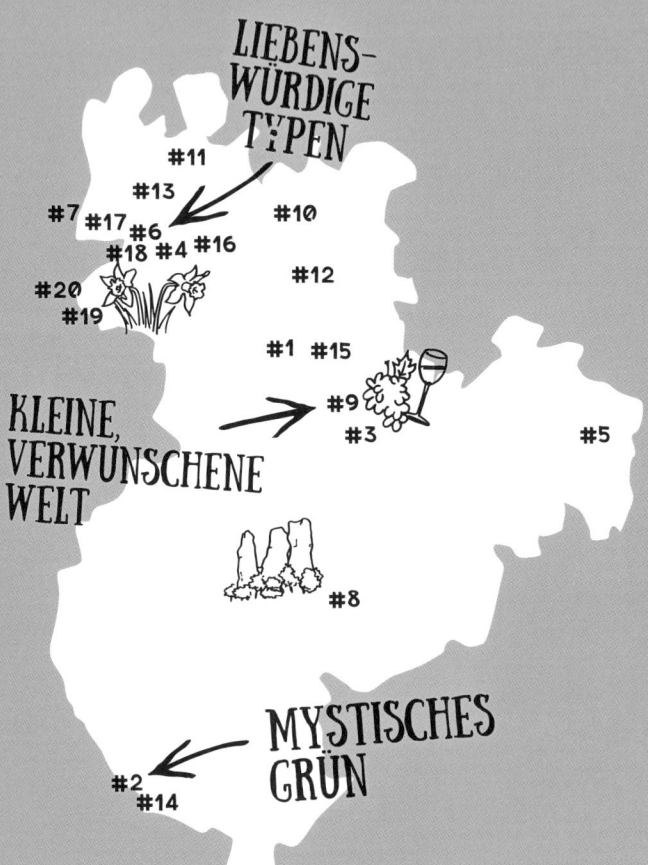

LIEBENS-
WÜRDIGE
TYPEN

#11

#13

#7 #17 #6 #10

#18 #4 #16

#20 #12

#19

#1 #15

KLEINE,
VERWUNSCHENE
WELT

#9

#3

#5

#8

MYSTISCHES
GRÜN

#2

#14

Nur ein paar Stündchen

Die allerersten Frühlingskräuter pflücken, auf Wiesenwegen gehen, den Sonnenaufgang über den Baumwipfeln erleben – auch ein kurzer Abstecher bringt Erholung.

WINTERSCHLAF ADE!

… Wildkräuter sammeln im Gillesbachtal bei Marmagen

Die eine Pflanze blüht nur kurz, aber wenn man den richtigen Zeitpunkt erwischt, ist sie ein Augenschmaus. Ein Gaumenschmaus ist die andere, die in Massen auftritt und heftig riecht. Mit etwas Glück entdeckt man beide auf einem Spaziergang durch das schöne Gillesbachtal.

#endlichFrühling #Frühlingsboten #Wiesenspaziergang

→ ABSTECHER...

Bei einem Spaziergang im Gillesbachtal kann man nicht nur Wildkräuter entdecken - möglicherweise stößt man auch auf die Hallenthaler Mühle.

Es ist Ende März und im Gillesbachtal ist alles noch sehr winterlich. Vom Parkplatz aus wirkt der Hang, an dem die vielen Küchenschellen wachsen sollen, mehr braun als grün. Von Blumen keine Spur. Doch genau auf diesem unscheinbaren Hang mit dem Namen Hundsrück liegt das größte Verbreitungsgebiet der Küchenschelle (oder Kuhschelle in der Eifel) und die Blütezeit ist: Jetzt!

Vom Parkplatz aus überquert man die K60 und zweigt bereits nach wenigen Metern auf einem landwirtschaftlichen Weg nach links oben ab. Auf halber Hanghöhe bei einer Infotafel geht es weiter auf einem Pfad nach rechts. Nach etwa 100 Metern kommt der Bereich, in dem die Küchenschellen wachsen. Bis zu 60 000 Exemplare können hier in Blüte stehen – ein fantastischer Anblick.

So schön die Küchenschelle mit ihrer zarten violetten Blüte auch aussieht – sie ist hochgiftig. Die Kröte dagegen ist harmlos.

Pflänzchen für zu Hause mitzunehmen. Das Kraut wuchert im Garten!

Wie erkennt man Bärlauch? Er tritt immer in großer Menge auf und riecht stark nach Knoblauch. Um diese Jahreszeit gibt es noch keine Maiglöckchen, sodass eine Verwechslung mit Maiglöckchenblättern unwahrscheinlich ist (diese haben zwei Blätter, nicht eines, wie der Bärlauch). Lediglich die Blätter des giftigen Aronstabs haben eine gewisse Ähnlichkeit mit Bärlauch. Sie sind jedoch pfeilförmig und breiter.

Und was macht man mit Bärlauch? Zum Beispiel eine würzige Butter. Dafür einige Bärlauchblätter fein schneiden und mit etwa 100 Gramm zimmerwarmer Butter sowie abgeriebener Schale einer halben Zitrone und einer Prise Salz vermischen. Schmeckt auf jedem Brot, von Baguette bis Pumpernickel. Passt auch gut zu Reis, Nudeln, Gemüse, Fleisch – eigentlich zu allem, das auch mit Knoblauch gewürzt werden kann.

Um zurück zum Ausgangspunkt zu gelangen, 100 Meter nach der Abzweigung den Pfad nach rechts über den Gillesbach zur Hallenthaler Mühle nehmen. Über eine Treppe geht's nach oben auf eine Forststraße, die nach rechts entlang dem Bachtal zum Ausgangspunkt zurückführt. Wer noch Lust auf eine Einkehr hat, überquert den Bach nicht, sondern zweigt auf einem Pfad links Richtung Steinfeld ab. Dort erwarten einen Klosterladen und Café (www.kloster-steinfeld.de) sowie das Restaurant Zur alten Abtei (www.zuraltenabtei.de).

Zu Beginn der Blüte ist der Blütenkelch nach oben gerichtet, aber schon nach kurzer Zeit hängt er wie eine Glocke nach unten. Daher der Name Kuhschelle. Von der Verkleinerung »Kühchenschelle« leitet sich dann Küchenschelle ab. Mit Küche und essbaren Kräutern hat die unter Naturschutz stehende Pflanze aber nichts zu tun – im Gegenteil, sie ist giftig (auch bei Hautkontakt)!

Der Pfad führt nach oben auf eine Wiese und auf dieser geht es dann nach unten ins Gillesbachtal. Hier trifft man wieder auf den Wirtschaftsweg und folgt ihm nach links. Bei der nächsten Verzweigung rechts halten. Hier und entlang des Gillesbachs wächst um diese Jahreszeit viel Bärlauch. Jetzt im zeitigen Frühling ist die beste Zeit, um ihn zu ernten! Dabei aber der Versuchung widerstehen, ein

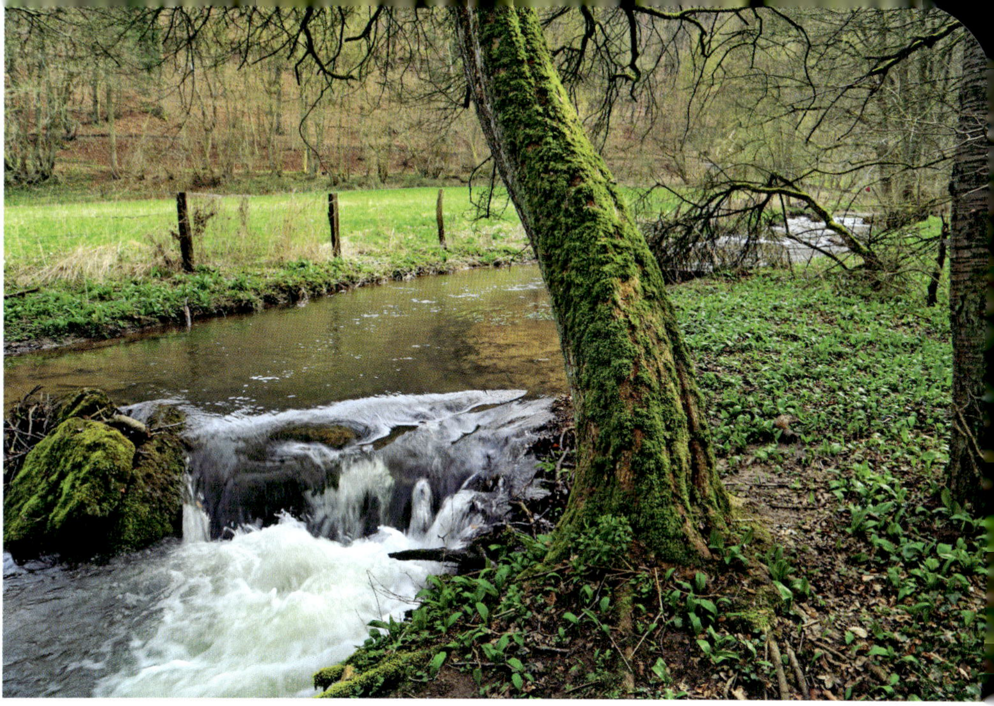

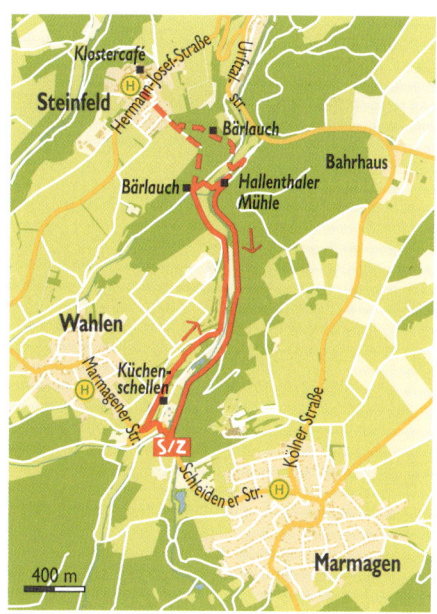

Bärlauch gibt es am Gillesbach wie Sand am Meer – wenn auch nur im Frühjahr.

FAZIT: EIN GEMÜTLICHER SPAZIERGANG AUF PFADEN UND WIRTSCHAFTSWEGEN. WUNDERSCHÖNE, SELTENE BLUMEN UND EIN ESSBARES KRAUT GIBT ES ALS ZUGABE.

Hin & Weg: Parken bei Wahlen, an der K60 zwischen Wahlen und Marmagen (von Wahlen kommend in einer Rechtskurve auf der rechten Seite).

Beste Zeit: Ende März, Anfang April.

Dauer & Strecke: 1,5 Std. (ohne Blümchen gucken, fotografieren und sammeln), 5 km.

Ausrüstung: Dose oder Tüte für gesammelten Bärlauch.

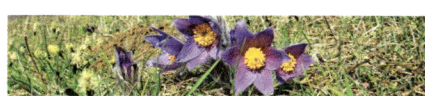

KÜHLE TANKEN

$\gtrdot$ … in der Grünen Hölle bei Bollendorf $\lessdot$

Wenn der Sommer richtig aufdreht, ist der Wald der beste Ort für eine Abkühlung. Wem das noch nicht reicht, dem sei die Grüne Hölle empfohlen. In dieser verwunschenen Felsschlucht ist es das ganze Jahr über feucht und kühl. Auch Moose und Farne lieben das.

#Apfelschnaps #iPodHörwanderung #Felspfad #mystisch

Die Grüne Hölle: ein Paradies für Moos-Fans.

In der fernen Vergangenheit befand sich dort, wo heute meterhohe Felsen aufragen, sandiger Meeresboden. Über Millionen von Jahren wurde er immer mehr verdichtet und von tektonischen Kräften angehoben. Die Flüsse Prüm und Sauer gruben Täler in den weichen Sandstein. Fröste der Eiszeit sprengten die Felsen. Durch die Verwitterung entstanden Löcher, Wülste und wabenförmige Strukturen. Heute bilden bizarre Felsentürme und Schluchten den Rand des Ferschweiler Plateaus. Hier liegt auch die Bollendorfer Schweiz, zweifellos eine der reizvollsten Landschaften der Südeifel.

15

Ein schmaler Weg führt durch die Felsenschlucht der Grünen Hölle. Und hin zum Eulen-Horst.

Der gut ausgeschilderte Rundweg 55 Grüne Hölle ist mit einem Kopfhörer-Symbol markiert und beginnt hinter dem Waldhotel Sonnenberg. Das erste kurze Stück ist eine Forststraße, von der man kurz vor einer Schutzhütte nach rechts abzweigt. Dann geht es fast ausschließlich auf verschlungenen, unbefestigten Pfaden weiter. Ein imposanter Felsen, der Affenkopf, taucht auf. Mit etwas Fantasie ist tatsächlich ein Affe erkennbar. Doch bald schon wird es deutlich wilder. Senkrecht aufragende Felsen von etwa 15 Meter Höhe bilden enge, dunkle Durchgänge, gerade mal so breit, dass eine Person Platz hat. An den steilen Wänden links und rechts gedeihen nur Moose und Flechten. Spätestens jetzt ist klar, wieso die Schlucht den Namen Grüne Hölle erhielt. An sehr dunklen Stellen kann man mit etwas Glück und einer Taschenlampe das äu-

ßerst seltene Leuchtmoos (Schistostega pennata) entdecken. Das zierliche Moos leuchtet grell-grün im Schein der Lampe. Die porösen Felsen speichern das Wasser und so entsteht in diesem Felslabyrinth ein ganz besonderes Mikroklima: eine feuchte, dunkle, windstille Welt. Im Sommer kann hier die Lufttemperatur schon mal ganze 20 °C niedriger sein als in der Umgebung.

Nach dem Abstieg in diese geheimnisvolle, schattige Tiefe will man Licht, Wärme und einen weiten Blick. Da ist der Aussichtspunkt auf der Kreuzlay genau das Richtige. Und wer das Gipfelglück noch steigern möchte, sollte hier den regionalen Apfelschnaps Bolli probieren. So empfiehlt es Marco Neise, Radiojournalist, gebürtiger Bollendorfer und Verfasser einer sehr unterhaltsamen »Lauschtour« durch die

Grüne Hölle. Sowohl Schnaps als auch Hörwanderung sind sehr zu empfehlen!

> **FAZIT: NICHTS FÜR SONNENANBETER UND SCHLECHTWETTERTAGE, BEI GROSSER HITZE ABER EIN WUNDERBAR ERHOLSAMER ORT. UND EIN MYSTISCHER DAZU.**

Hin & Weg: Start und Parken beim Waldhotel Sonnenberg, Sonnenbergallee 1, Bollendorf.

Beste Zeit: Frühling, Sommer, Herbst.

Dauer & Strecke: 2 Std., 6 km.

Ausrüstung: Wanderschuhe, Taschenlampe für das Leuchtmoos (und Bolli). Die kostenlose Lauschtour-App gibt es bei GooglePlay oder im AppStore.

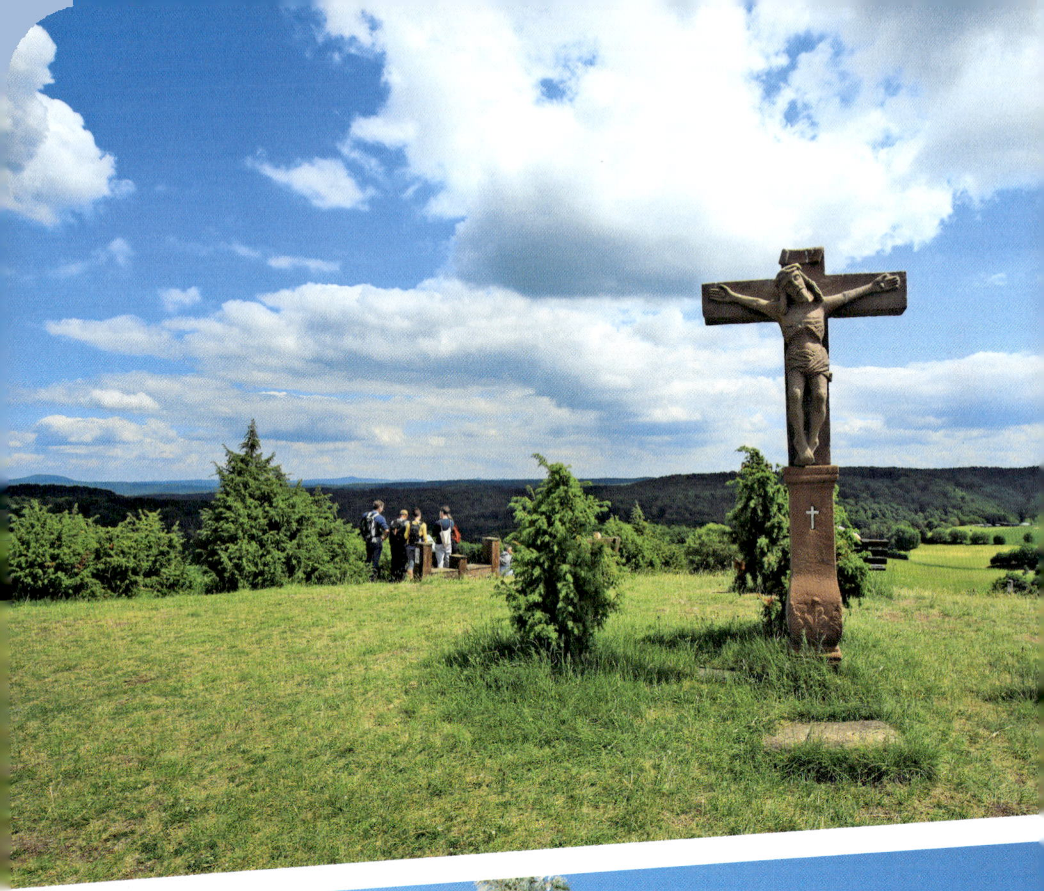

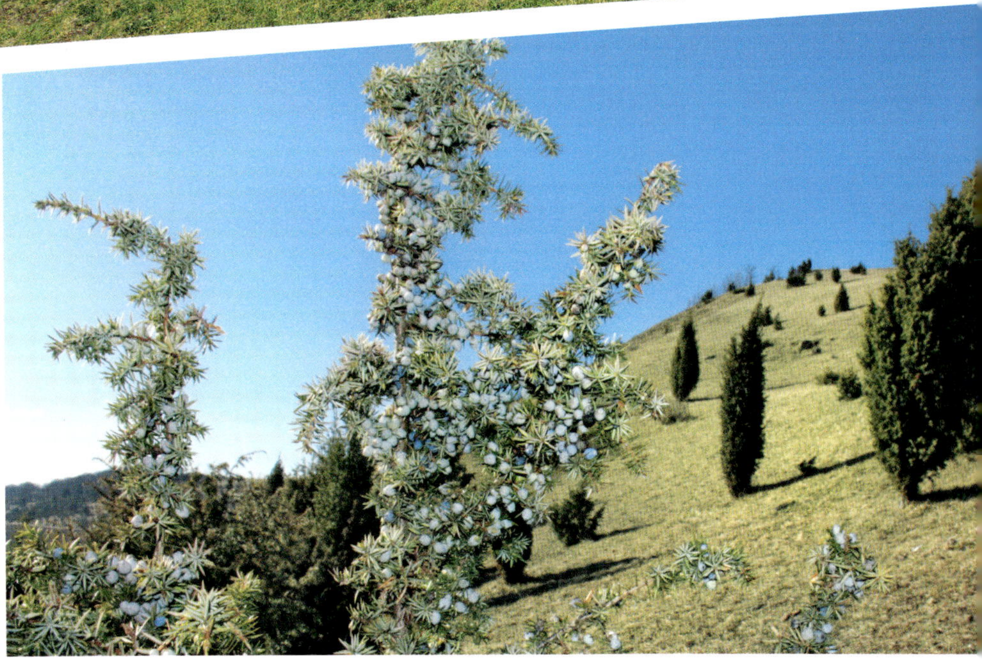

IN DER TOSKANA DER EIFEL

>| ... auf dem Kalvarienberg von Alendorf |<

#3

Ein ruhiger, meditativer Aufstieg. Oben angekommen, schweift der Blick über eine weite Hügellandschaft in die Ferne. Unzählige zypressenähnliche Bäume wachsen auf den Hängen rundum. Die Toskana lässt grüßen!

Das Knabenkraut, eine einheimische Orchidee. Schönheit im Detail und grandioser Rundblick auf dem Gipfel des Kalvarienbergs

Der Baum, der hier so markant die Landschaft prägt, ist der Wacholder – und er gehört tatsächlich zur Familie der Zypressen. So wie hier sah es im 19. Jahrhundert in weiten Teilen der Eifel aus. Nach der Rodung der Wälder für die Verhüttung der Eisenerze zogen überall Schafherden durch die karge Landschaft. Lediglich Wacholderbüsche schmecken den Schafen ganz und gar nicht. Für die Bevölkerung war es damals eine Zeit der Armut und der Hungersnöte. Später wurde unter der preußischen Regierung systematisch mit Fichten aufgeforstet. Nur bei Alendorf blieben die Wacholderheiden erhalten. Und genau das macht die Landschaft hier so einzigartig.

Die kleine, ehemalige Pfarrkirche St. Agatha mit ihrem trutzigen Turm, dem Friedhof und der Friedhofsmauer ist der Startpunkt für den alten Prozessionsweg. Er führt durch das Wacholdergebiet, vorbei an 14 Kreuzwegstationen, die an den Leidensweg Christi erinnern. Oben auf dem Kalvarienberg steht das Schlusskreuz von 1675. Diese Christusdarstellung ist von einer ganz besonderen, ernsten Schönheit.

Man muss nicht religiös sein, um die ungewöhnliche Atmosphäre auf dem Kalvarienberg in sich aufzunehmen. Einige Bänke laden zum Verweilen ein. Es ist ein prima Ort für ein Picknick, aber noch schöner ist es, rein gar nichts zu tun und den Ort einfach mal so auf sich wirken zu lassen.

Auf dem Rückweg zur Kirche lohnt es sich, auf die Blumen zwischen den Wacholderbüschen zu achten. Hier gibt's im Frühling Küchenschellen, im Juni Orchideen und im Herbst blauen Enzian zu entdecken. Wer pflegt diese Wiesen so gut? Natürlich Schafe, wie eh und je. Doch heute sogar als geschätzte »Fachkräfte«.

Tipp: Wer eine längere Wanderung machen möchte: der Themenweg »EifelSpur Toskana der Eifel« (www.wanderwelt-nordeifel.de/eifel spuren) startet in Ripsdorf und führt auf 15 km durch diese ganz besondere Landschaft.

Hin & Weg: Startpunkt ist der Wanderparkplatz am nördlichen Ortsausgang vor der Kirche, Alendorf- straße, Blankenheim-Alendorf.

Beste Zeit: Immer.

Dauer & Strecke: 30 Min., 1,5 km.

Ausrüstung: Wanderschuhe sind immer passend, aber diese kurze Tour geht im Sommer auch mit Sandalen.

FAZIT: EIN »EIFELBLICK« DER EXTRA- KLASSE, DEN MAN SICH NICHT ENTGEHEN LASSEN SOLLTE.

UNTER-WEGS MIT BEGLEIT-SCHUTZ

... auf dem Flurheckenweg in Eicherscheid

#4

Der Blick in reines, pures Grün soll ja maximal entspannend sein. Sollte diese Theorie stimmen, dann ist ein Spaziergang entlang der Eicherscheider Flurhecken so erholsam wie ein Kurzurlaub!

Im unteren Bereich dient die Flurhecke als Zaun und nach oben schaffen die »Durchwachser« Windschutz für Mensch und Tier.

elemente. Sie begrenzen Wege, Straßen oder Viehweiden. Die schönste Flurhecken-Landschaft gibt es rund um Eicherscheid: Ein über 100 Kilometer langes Netz aus Hecken umspannt den Ort. Manche sind bereits Jahrhunderte alt und immer noch intakt – nicht zuletzt, weil sie von Freiwilligen aus dem Ort liebevoll gepflegt werden. Eigentlich sind Rotbuchen Bäume und keine typischen Heckenpflanzen. Es bedarf schon einer ganz besonderen Pflege, um die majestätischen Bäume dazu zu bewegen, eine Hecke zu bilden. Hier in der Eifel ist es gelungen! Die unteren Zweige werden ineinander verflochten und zugeschnitten. Einzelne senkrecht wachsende Zweige, die »Durchwachser«, lässt man über Jahre stehen, um sie dann als Brennholz zu ernten. Die Flurhecken begleiten Verkehrswege, schützen vor Wind und Sonne, ziehen Linien aus Laub durch die Landschaft. Im Sommer spenden sie Schatten, bis in den November hinein strahlt das Laub in allen Gelb- und Rottönen und im Winter zeigen sich die alten, bizarren Stämme der Buchen. Besonders schön sind sie im Frühling, wenn das Laub in

Buchenhecken waren in früherer Zeit aus vielen Gründen nützlich – sei es als Zaun, als Windschutz, als Brennholz oder als Baumaterial. Doch die Erfindung des Stacheldrahts und die Bodenreform machten die Hecken überflüssig. Das Ende vom Lied: Sie verschwanden in vielen Gegenden aus der Landschaft. Nicht so in der Umgebung von Monschau! Hier durften sie stehen bleiben – zum Glück.

Wer in das Heckenland fährt, wird schnell feststellen, dass es hier gleich zwei Arten dieser »grünen Mauern« gibt: Haushecken und Flurhecken. Haushecken gehören, wie der Name schon sagt, zu Häusern. Sie sollen diese vor den kalten Eifelwinden und den Blicken der Nachbarn schützen. Oft sind sie haushoch oder gar noch höher als die Häuser dahinter und in der Regel sorgfältig in Form geschnitten. Flurhecken dagegen sind Landschafts-

Hin & Weg: Start am Parkplatz mit Infopunkt / Flyer gegenüber der Bachstraße 1, Simmerath-Eicherscheid.

Beste Zeit: Frühjahr (frisches Grün), Herbst (Laubfärbung), Winter (bei viel Schnee).

Dauer & Strecke: 2 Std., 8 km (Rundweg). Infos zum Flurheckenweg, Flyer mit Karte zum Download und eine Luftaufnahme, die das Netz der Hecken rund um Eicherscheid zeigt, gibt's unter eicherscheid.de/ unser-dorf/flurheckenweg/

Ausrüstung: Keine besondere Ausrüstung nötig.

Eine Lücke in der Hecke bietet den Kühen eine gute Gelegenheit zum Menwatching, während daneben ineinander verflochtene Buchenzweige einen dichten Zaun bilden.

schön sind sie im Frühling, wenn das Laub in einem hellen Maigrün leuchtet.

Der Flurheckenweg hat die Wegmarkierung 17. Er ist geteert und ohne nennenswerte Steigungen – also auch hier Entspannung auf der ganzen Linie!

Tipp für alle, die noch nicht genug haben: Noch einen Abstecher ins Dorf machen. Die 600 Jahre alte Dorflinde bei der Kirche ist ein Naturmonument.

FAZIT: EIN GEMÜTLICHER SPAZIERGANG, BEI DEM MAN JEDE MENGE GRÜN TANKEN UND EIN TYPISCHES LANDSCHAFTSELEMENT DER EIFEL KENNEN- UND LIEBEN LERNEN KANN.

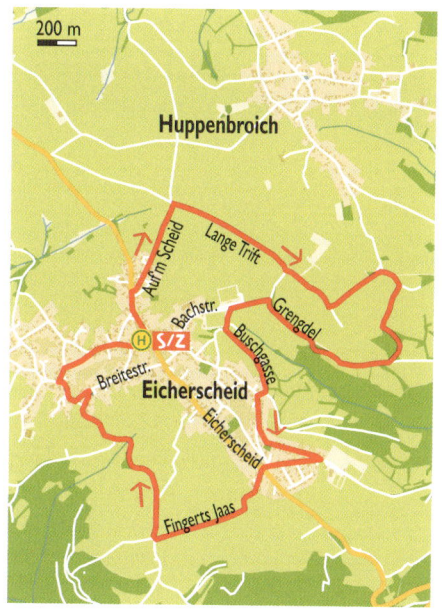

AB IN DIE UNTERWELT!

>: ... in den Lavakeller von Mendig :<

Das Wetter. Mal ist es zu heiß, dann regnet es und ein anderes Mal pfeift ein eisiger Wind. Es gibt jedoch einen Ort, der sich dem wetterabhängigen Wandel entzieht. Und Allergiker können in der außergewöhnlich reinen Luft des Lavakellers Erholung finden.

#Filmkulisse #VulkanBrauerei #dunkel #kalt #Vulkaneifel #Vampirschwestern

Einzigartig auf der Welt – die historischen Lavakeller von Mendig.

Im Sommer wie im Winter liegt die Temperatur hier bei etwa 8 °C, die Luftfeuchtigkeit bei 72 Prozent und die Luft ist von außergewöhnlicher Reinheit. Die Lavakeller von Mendig haben eine Größe von drei Quadratkilometer – das entspricht ungefähr drei Fußballfeldern. 150 Treppenstufen führen hinunter und von Stufe zu Stufe wird es kühler. Bequemer, aber deutlich weniger eindrucksvoll ist es, mit dem Lift hinunterzufahren.

Unten angekommen erwartet die Besucher eine große Halle, die wie alle unterirdischen Räume hier durch den Basaltabbau entstanden ist. Die Decke wird von sogenannten Glocken gebildet, das sind die Reste der ab-

gebauten Basaltsäulen. Man ließ sie beim Abbau stehen, um den Raum abzustützen. Der dunkelgraue Basalt ist ein vulkanisches Flussgestein, das hier beim Erkalten meterlange sechseckige Basaltsäulen gebildet hat. Die Basaltvorkommen von Mendig haben eine Schichtdicke von bis zu 30 Metern und formten sich vor etwa 140 000 bis 200 000 Jahren durch einen Vulkanausbruch.

Basalt eignete sich vorzüglich für Reib- und Mühlsteine, da er zugleich hart und porös ist. Nach der Entdeckung der unterirdischen Basaltschicht entwickelte sich hier in Mendig im 15. Jahrhundert eine florierende Mühlsteinindustrie. Da der Basalt unter Tage direkt weiterverarbeitet wurde, muss es damals im Gegensatz zu heute sehr laut und staubig gewesen sein. Der Wandel der Zeit erreichte schließlich auch diese unterirdische Welt, als ab der zwei-

ten Hälfte des 19. Jahrhunderts moderne Mühlen keine Mühlsteine mehr benötigten.

Und die unterirdischen Hallen? Die gleichbleibend niedrige Raumtemperatur erwies sich als ideal für die Lagerung von Bier. Mit der Folge, dass sich ab 1840 zunehmend Brauereien im Ort ansiedelten – bis zu 28 Braustätten gab es bald in Niedermendig. Und schon wieder veränderte eine technische Erfindung alles: Mit den ersten Kältemaschinen, die Carl Linde 1876 entwickelt hatte, konnte man nahezu überall Lebensmittel kühl lagern. Die Brauereien verschwanden aus Mendig. Heute gibt es vor Ort nur noch eine – die Vulkan Brauerei.

Erneut waren die unterirdischen Räume nutzlos geworden. Doch die riesige Halle erlebte eine Renaissance – als Filmkulisse für Kino- und Fernsehproduktionen, die einen

Sich das Ja in der Unterwelt geben – auf Wunsch können hier standesamtliche Trauungen stattfinden (links). Modell der Gesteinsschichten im Eingangsbereich der Lavakeller. Ein Mühlstein aus dem 19. Jh. (rechts).

sonderen unterirdischen Raum erforderten. »Vulkan« (2008), »Sterntaler« (2011) und »Die Vampirschwestern 3« (2016) wurden hier gedreht. Apropos Vampire. Die Lavakeller von Mendig zählen zu den größten Fledermausquartieren Europas.

FAZIT: EINE ANDERE WELT! EINDRUCKSVOLL, KÜHL UND UNTERIRDISCH REIN – UND DAS NUR 150 STUFEN ENTFERNT.

Hin & Weg: Ticket im Lava-Dome, Brauerstraße 1, Mendig. Mit dem Führer gemeinsam zu den Lavakellern (Brauerstraße 5). Mit dem Rhein-Mosel-Bus 335, Haltestelle Von Reth Platz in Mendig. Von dort 350 m bis zum Lavakeller. Alternativen: Mit der RB 38 (Kaisersesch – Andernach) oder der RB 23 (Mayen-Ost – Koblenz – Limburg) bis Bahnhof Mendig. 1,3 km bis zum Lavakeller.

Beste Zeit: Immer dann, wenn es draußen zu kalt, zu nass oder zu heiß ist.

Dauer: Der Lavakeller ist nur mit Führung (1,5 Std.) zu besichtigen. Mehr unter www.eifel.info/a-lavakeller

Ausrüstung: Warme Kleidung.

SCHAU MIR IN DIE AUGEN, KLEINES!

... Spaziergang mit Lama

#6

Lamas und Alpakas stammen ursprünglich aus den Anden und fühlen sich offensichtlich auch in den rauen Lagen der Eifel sehr wohl. Sie sind neugierig und intelligent und schaffen es sehr schnell, mit ihrer Sanftmut die Herzen von Groß und Klein zu erobern.

Elias: Markante Frisur, starker Charakter (li.). Fußbad in der Kall für die Tiere und Picknick für die Leinenhalter.

Beetle liebt Wanderungen! Er will dann immer vorneweg laufen. Das Alpaka Elias besticht durch sein Aussehen. Er hat besonders dichte Wolle, die sich am Kopf komplett kräuselt. »Eine kleine Diva«, bemerkt Corinna Schlagloth. Elias läuft einerseits brav mit, weiß aber auch genau, was er will. Wenn er an das eine köstliche Blatt kommen möchte, schafft er es.

Corinna Schlagloth ist auf dem Kopphof mit vielen Tieren aufgewachsen. Sie kennt ihre kleine Truppe und die Vorlieben der einzelnen Tiere. Da sind die dicken Freunde, die immer gemeinsam gehen wollen. Notfalls würden sie über den Zaun springen, um mitzukommen. Gerne testen die Tiere aus, was unterwegs möglich ist. So müssen die Leinenhalter die Lamas und Alpakas davon abhalten, ständig am Wegrand zu naschen. Zerren an der Leine ist nicht hilfreich, denn dann können die Tiere durchaus auch bockig werden. Eine interessante Herausforderung, nicht nur für

Kinder und Jugendliche. Ist das Thema Naschen geklärt, zeigen sich die Tiere von ihrer gut- und sanftmütigen Seite.

Das Gefühl, dass Lamas und Alpakas mit Menschen große Ähnlichkeit haben, drängt sich auf. Sie sind ausgeprägte Individualisten mit eigenem Charakter und Vorlieben, aber auch Herdentiere. Alpakas und Lamas lassen sich aufgrund ihrer Größe leicht unterscheiden. Die kleineren Alpakas wurden ursprünglich wegen ihrer kostbaren Wolle gezüchtet, die Lamas dagegen dienten in ihrer Heimat als Lasttiere. Beiden Tierarten haben diese besondere, angenehme Ausstrahlung und am liebsten würde man eines der kleinen Alpakas knuddeln. Sie sind jedoch keine Schmusetiere und halten von sich aus eine Distanz von etwa einer Armlänge zum Menschen. Es gibt allerdings auch Ausnahmen, wie z. B. Beetle, der sich gerne von Corinna Schlagloth kraulen

Beetle und Corinna Schlagloth.

lässt. Sie bietet seit 2020 Lama- und Alpaka-Wanderungen an. Die Touren werden für sehr viele Anlässe gebucht, vom Kindergeburtstag bis zum Betriebsausflug. Die ruhige, freundliche Art der Tiere überträgt sich ganz von alleine und erstaunlich schnell auf die gesamte Truppe. Auch die idyllische Heckenlandschaft in der Umgebung von Paustenbach trägt ihren Teil zur Entspannung bei. Übrigens, unterwegs hat kein Lama gespuckt. Das tun sie nur, wenn sie sich bedroht fühlen.

FAZIT: OB LAMA ODER ALPAKA — EINE TOUR MIT DIESEN TIEREN BEREICHERT UND VERTIEFT DAS NATURERLEBNIS AUF ANGENEHME UND ENTSPANNTE WEISE.

Hin & Weg: Busse 86, SB63 und SB86, Haltestelle Paustenbach Post; Alpakahof Kopphof, Paustenbacher Straße 6, Simmerath-Paustenbach.

Beste Zeit: Ganzjährig, nur nicht bei Hitze (da liegen die Lamas lieber im Schatten).

Dauer & Strecke: Mehrstündig, auch mehrtägig/verschiedene Touren. Mehr unter www.kopphof.com

Ausrüstung: Picknick.

AUF ALTEN WIESEN- WEGEN

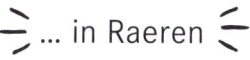 ... in Raeren

Die saftigen Wiesen von Raeren sind ver-
lockend. Man will hier unbedingt mal das
Gras unter den Füßen oder Sohlen spüren.
Sind die schmalen Pfade quer über die
Wiesen nicht genau dafür da? Aber wie
kommt man durch die Hecken oder Zäune
hindurch? Dafür gibt es Stiegel!

Ein bisschen verträumt und verwunschen ist die Landschaft hier am nordwestlichen Eifelrand. Bäche schlängeln sich durch die sanften Täler und dazwischen liegen, von Weißdornhecken gesäumt, saftige Wiesen. Ihnen verdankt die Region den Namen Butterländchen.

Raeren. Ein kleiner Ort im deutschsprachigen Teil Belgiens mit einer Burg, direkt an der Grenze zu Deutschland. Die Häuser von Raeren scharen sich nicht etwa um einen Dorfplatz oder eine Straße. Sie sind vielmehr weit über die Landschaft verstreut. Die kürzeste Verbindung zwischen den Häusern und – früher besonders wichtig – zur Kirche war meist ein Trampelpfad quer über die Wiesen. So entstanden über Jahrhunderte die Wiesenwege. Es sind öffentliche Wege, die durch ein spezielles Wegerecht geschützt sind. »Gerechtsame« Wege werden sie hier genannt. Solange die Dorfbewohner oder auch Besucher sie nutzen, gilt dieses Recht. Die Pflege, die sie benötigen, ist denkbar einfach: immer wieder darauf gehen.

Der Weg über die Raerener Wiesen folgt der blauen Raute. Von der Burg geht es auf der Straße bergauf, dann ab nach rechts in die Kapellenstraße, bis man vor einem drehbaren Gatter steht. Die Tür zur ersten Wiese. Stiegel werden diese Gatter genannt. Wenn man sie öffnet, erinnert ihr Quietschen daran, dass sie schon ein paar Jährchen auf dem Buckel haben. Die ganz alten Stiegel sind aus Blaustein-Pfeilern gebaut, die modernen bestehen aus eisernen Drehkreuzen oder Gattern. Manche sind auch aus Holzpflöcken konstruiert. Durch diese Stiegel konnten zwar Menschen passieren, sie hielten aber das Vieh davon ab, auf die nächste Wiese zu wechseln.

Wiesenweg im Butterländchen. Früher verwendete man für die »Stiegel« steinerne Poller, heute eher Drehkreuze (links). Alte Waggons beim stillgelegten Bahnhof von Raeren. In der Burg befindet sich ein Töpfereimuseum (rechts).

Die Wiesenwege sind so angenehm zu gehen, dass man gar nicht zurück auf die »gepflegten« Wege möchte. Unterwegs trifft man auf den stillgelegten Bahnhof von Raeren mit alten Zügen voller Graffiti. An manchen Stellen wuchert Gestrüpp über verrostende Maschinenteile. Ein interessanter Platz für Fans von Lost Places, Eisenbahnromantiker und Fotografen.

> **FAZIT: ALTE WEGE GEHEN HAT HIER IN RAEREN EINE GANZ SPEZIELLE, NÄMLICH SEHR WÖRTLICHE BEDEUTUNG.**

Hin & Weg: Bus 722 bis Burg Raeren, Burgstraße 103, 4730 Raeren, Belgien. Ab der Burg der Beschilderung Genusstour 19 bzw. diesen Knotenpunkten folgen: 60 > 9 > 82 > 54 > 79 > 31 > 71 > 36 > 51 > 39 > 99 > 24 > 92 > 80 > 47 > 24 > 60

Beste Zeit: Frühling, wenn Löwenzahn & Co. auf den Wiesen blühen. Aktuelle Veranstaltungen unter www.raeren.be

Dauer & Strecke: 2,5 Std., 7,8 km.

Ausrüstung: Ggf. wasserdichte Schuhe (Wiesen bleiben morgens lange feucht).

IN DIE FALLE GETAPPT

... bei den Musfallskrämern in der Vulkaneifel

8

Oben auf dem Vulkan thront eine düstere Burgruine, daneben liegt eine alte Mühlsteinhöhle – und unten im Ort pflegen die Bewohner von Neroth eine ganz spezielle Tradition ...

Apfelblüte (links). Mäuse und Mausefallen gibt es in Neroth in jeder Form: als Denkmal, Torte, Brandteigmaus mit fluffiger Sahnefüllung, ein Museum ist der Mausefalle gewidmet und auch ein Café trägt den Namen Mausefalle.

Die Nerother haben etwas Beachtliches geschafft. Es ist ihnen gelungen, eine Plage zur Quelle von Wohlstand zu machen. Wie fast überall in der Eifel wuchs auch hier im 19. Jahrhundert die Armut. Missernten und Brände kamen dazu. Kleine Tiere, die sich heimlich an die letzten Vorräte der Dörfler machten, konnte man in diesen mageren Zeiten am allerwenigsten gebrauchen. Theodor Käs kam auf die Idee, Mausefallen aus Draht zu bauen. Schnell entwickelte sich daraus ein florierendes Gewerbe und die Mausefallen wurden bis Breslau,

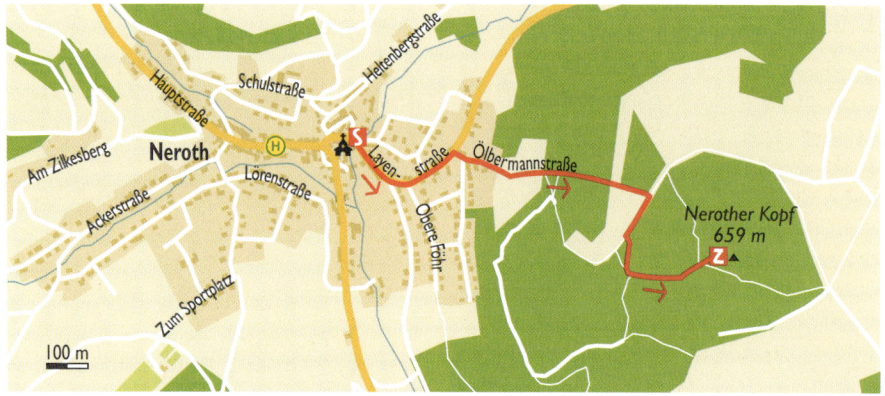

Ein finsteres Gemäuer – die Ruine der Burg Freudenkoppe auf dem erloschenen Vulkan, dem Nerother Kopf.

München und Königsberg geliefert. Dass die Nerother noch heute stolz auf ihre Vergangenheit als Musfallskrämer sind, beweist ein kleiner Rundgang durch den Ort. Mausefallen aus Bronze zieren den Dorfplatz und auch Häuser sind mit Dekorationen geschmückt, die irgendetwas mit Mäusen zu tun haben. Eine besondere Attraktion ist das Mausefallenmuseum in der alten Dorfschule (www.neroth.de). Für Neroth sind auch heute noch Maus und Mausefalle der USP (unique selling point) – auf Deutsch etwas umständlicher Alleinstellungsmerkmal genannt.

Nach dem kleinen Dorfrundgang ist das nächste Ziel der Nerother Kopf. Er ist so etwas wie der Hausberg von Neroth und mit einem Alter von 15 000 Jahren erdgeschichtlich gesehen sehr jung. Die erloschene Lava, die die Kuppe bildet, ist hart und zugleich porös – ideal für Mühlsteine, die dank dieser Eigenschaften auch bei Abnutzung immer scharfkantig blieben. Man kann gut erkennen, wie die Mühlsteine direkt aus der Wand herausgearbeitet wurden. Auf die Weise entstand nach und nach eine Höhle in dem schwarzen Gestein. Ein sehr schöner alter Buchenwald umgibt die Mühlsteinhöhle und verbirgt die Ruine der Burg Freudenkoppe unter seinem dichten Blätterdach. Der Name will so gar nicht zu dem düsteren Gemäuer passen. Die mittelalterliche Burg wurde nämlich auch aus dem schwarzen Lavastein gebaut.

Zurück im Dorf gibt es ein Stück Mausefallentorte im Café Mausefalle, in dessen Garten übrigens die größte Mausefalle der Welt zu

bewundern ist (www.mausefalle-neroth.de). Alternativ bietet das Restaurant Zur Neroburg eine Mausefallenplatte oder einen Vulkanspieß an (www.neroburg.de).

FAZIT: DIE KUPPE DES VULKANS IST IN EINE DÜSTER-ROMANTISCHE ATMOSPHÄRE GEHÜLLT — DER ORT NEROTH TRÄGT EHER ZUR GUTEN STIMMUNG BEI.

Hin & Weg: Bus 504, Dorfrundgang und Wanderung zum Nerother Kopf ab Kirche, Layenstraße, Neroth, Tafel mit den Wanderwegen auf dem Kirchplatz.

Beste Zeit: Frühling, Sommer, Herbst.

Dauer & Strecke: Etwa 2 Std., 6 km.

Ausrüstung: Wanderschuhe passen immer, bei gutem Wetter auch mit leichten Schuhen möglich.

SCHRÄGE GEWÄCHSE

>= ... die Süntelbuche bei Blankenheim =<

Manchmal schlägt die Natur Kapriolen. So zum Beispiel bei dieser Buche. Verdreht, verknorpelt und dabei von eigenartiger Schönheit. Wie ein alter Baum aus einem Märchenfilm. Ob er wohl verzaubert wurde?

#Hexenholz #Blütenzauber #Schmetterlinge #Seidenbachtal #Tagträumerei

Seltsam und schön – die Süntelbuche.

Oberhalb des kleinen Parkplatzes an der Straße zwischen Blankenheimerdorf und Nonnenbach zweigt ein Pfad ab. Er führt auf eine Wiese und dort hält man sich weiter hangaufwärts. Oben angekommen, fällt der Blick auf einen merkwürdigen einzeln stehenden Busch in der Mitte der Wiese – oder ist es doch eher ein Baum? Aus der Nähe zeigt sich ein alter Baum mit abenteuerlichem Zickzack-Wuchs. Das Besondere an ihm: Die bis zum Boden herabhängenden Zweige bilden einen geschlossenen, lichten Raum aus Blättern. Wer ihn betritt, fühlt sich, als träte er in eine kleine, verwunschene Welt ein. Diese Buche ist eine sogenannte Süntelbuche und wurde vor 200 Jahren hier auf einem Hügelgrab ge-

pflanzt. Der Name geht zurück auf den ehemals größten Bestand dieser Buchen im Süntel im Weserbergland. Das krumme Holz ließ sich nicht verarbeiten. Selbst als Brennholz war es unbeliebt, denn so verdreht, wie es war, ließ sich das »Deuwelholts« nicht einmal stapeln. In den Augen der Förster und Bauern war die Süntelbuche nutzlos. Manche Menschen empfanden sie gar als unheimlich und nannten sie Krüppelbuche, Schlangenbuche, Hexen- oder Teufelsholz. Deshalb gab es 1843 im Süntel statt über tausend dieser Bäume nur noch einen kleinen Bestand.

Glücklicherweise fand eine ganz andere Gesellschaftsschicht Gefallen an dem skurrilen Baum. Der Adel begeisterte sich für ihn und so hielt die Süntelbuche Einzug in europäische Schlossgärten. Wie aber kam sie auf diese Weide südwestlich von Blankenheim?

Wer hat sie gepflanzt und warum? Und dann noch an dieser ganz besonderen Stelle, auf einem Hügelgrab. Man weiß es nicht, es ist und bleibt ein Rätsel.

Da steht sie nun, diese eigenartige Buche. Fremd in der Landschaft, aber auch gerade deshalb ein attraktives Ziel für Spaziergänger mit und ohne Hund. Die Bank in der Nähe des Baums eignet sich bestens für eine Rast und ein kleines Picknick.

Auf dem Rückweg zum Parkplatz sollte man einen genaueren Blick auf die Wiese werfen, durch die der Pfad führt. Es ist eine typische Magerrasenwiese, eine von der Sorte, bei der Biologen ins Schwärmen verfallen. Ende Juni, Anfang Juli zeigt sie sich von ihrer besten Seite: zartes Rosa, tiefes strahlendes Blau, filigrane Gebilde, gelbe Tupfer, vom Wind be-

Das Seidenbachtal ist mit seinem unzähligen Pflanzenarten nicht nur ein Paradies für Schmetterlinge, sondern auch für Hobby-Biologen.

wegt und alles verwoben in einer Wiese, wie sie schöner nicht sein könnte. Schmetterlinge flattern von Blüte zu Blüte. Man muss kein Biologe sein, um vom Anblick dieser Wiese – ja: entzückt zu sein.

Tipp: Wer Lust auf mehr hat, kann anschließend noch Blankenheim erkunden oder den Kalvarienberg von Alendorf (Eskapade #3).

Hin & Weg: Auf halber Strecke zwischen Blankenheimerdorf und Nonnenbach führt die K69 durch ein Wäldchen, in dem sich ein kleiner Parkplatz befindet.

Beste Zeit: Ende Mai–Mitte Juni (danach wird die Wiese gemäht); im Herbst zur Enzianblüte.

Dauer: 30 Min. (oder ein ganzer Tag für Pflanzenbegeisterte).

Ausrüstung: Buch oder App zur genauen Bestimmung der Pflanzen.

FAZIT: IDEAL, UM ÜBER DIE WUNDER DER NATUR ZU STAUNEN UND DIE FANTASIE VON DER LEINE ZU LASSEN.

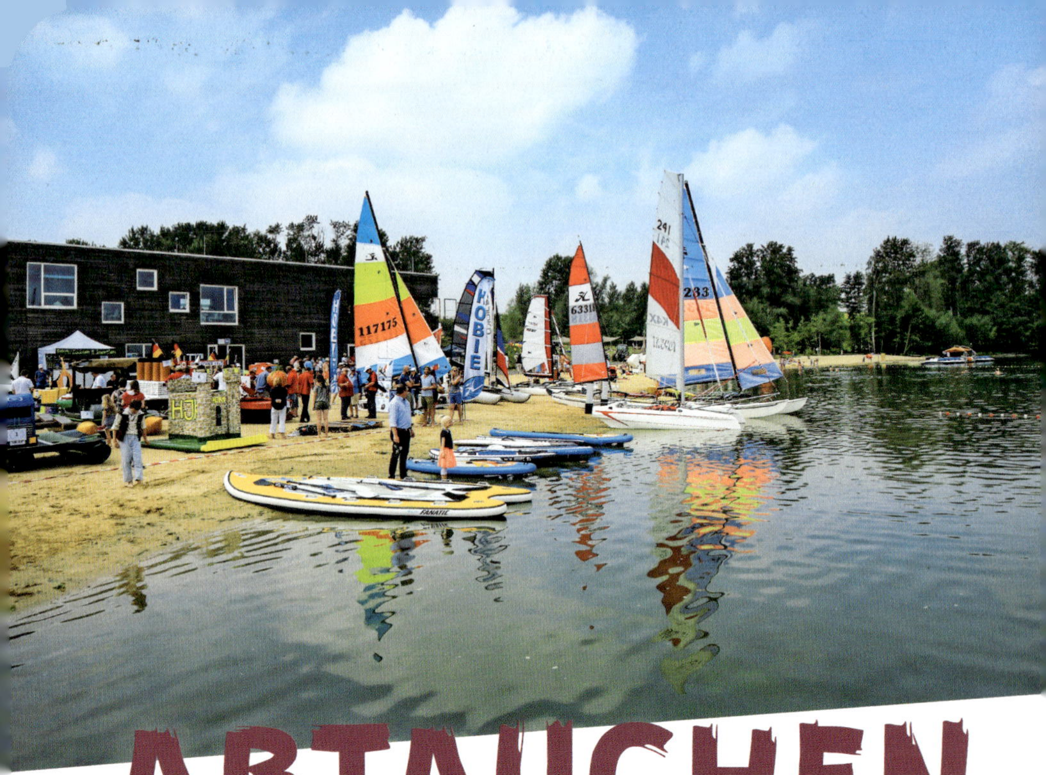

ABTAUCHEN

… im Zülpicher See

#10

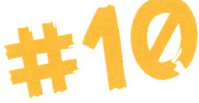

Es braucht keine tropischen Riffe, kein glasklares Wasser und auch keine Rochen oder Barrakudas – Tauchen kann auch im Zülpicher See schon ganz schön aufregend sein. Und entschleunigend obendrein.

#schwerelos #Wassersport #Tauchen #Abenteuerlust

Viel los am Zülpicher See! Und genau hier soll die absolute Stille zu finden sein? Achim Hoch vom TSC Zülpich in voller Montur.

Es ist ein warmer Sommertag und am Wassersportsee von Zülpich wird Probetauchen für Interessierte angeboten. Um die Unterwasserwelt so richtig genießen zu können, ist einiges an Technik nötig. Neben dem Druckluft-Tauchgerät und der Tauchermaske bekommt man einen Tauchcomputer, Kompass und Bleigewichte. Der Tauchcomputer gibt an, wie lange man in welcher Tiefe bleiben kann. Der Druck nimmt unter Wasser schnell zu und dieser Computer gibt die Pausen an, die beim Ab- und Auftauchen in bestimmten Tiefen notwendig sind. Das Wasser im See ist trüb – der Kompass am Arm dient zur Orientierung. Die Bleigewichte sorgen für das mühelose Abtauchen in den See. Die Technik funktioniert absolut zuverlässig. Gut so, denn ansonsten wird es schnell lebensgefährlich. Tauchen ist deshalb ein typischer Buddy-Sport. Routinemäßig prüft vor jedem Tauchgang ein Kumpel (englisch: buddy) die Technik.

Rein in den Neoprenanzug und los geht's! Doch erst einmal gilt es, den Wasserrand zu er-

47

Die technische Ausrüstung macht entspanntes Tauchen in bis zu 20 Metern Tiefe möglich.

reichen. Taucher mit dieser ganzen Ausrüstung wirken auf normale Badegäste wie nicht von dieser Welt. Zusätzlich müssen sie wegen der Schwimmflossen rückwärts zum See gehen.

Im Wasser wartet Achim Hoch vom TSC Zülpich bereits auf die Neulinge und erklärt die wichtigen Funktionen. Von jetzt an ist das Wasser ihr Element! Sie tauchen unter, es steigen noch einige Wasserblasen auf – und dann sind sie verschwunden in einer für Zuschauer verschlossenen Welt. Im See ist es erfrischend kühl: In einer Tiefe von sieben Metern sinkt die Temperatur auf 7 °C. Unter Wasser herrscht eine wunderbare Stille, die sofort mit dem Abtauchen eintritt. Auch wenn am Strand Party angesagt ist. Der Körper wird im Wasser schwerelos und der Alltag ist so-

fort unendlich weit weg. Zu entdecken gibt es viele Wasserpflanzen, Krebse, Muscheln und verschiedene Fische wie Aale, Barsche, Karp-

fen, Zander und Hecht. Der See ist ein Relikt aus dem früheren Braunkohletagebau, wirkt unter Wasser aber sehr natürlich.

Der für Taucher zugelassene Bereich geht bis zu 20 Meter in die Tiefe. Auf der Suche nach versunkenen Schätzen findet man hier eine Telefonzelle, eine Plattform oder eine fünf Meter lange Röhre zum Hindurchtauchen. Taucher lieben es nämlich, Gegenstände zu versenken und dann danach zu suchen. Angeblich ruht in der Tiefe des Sees auch ein Bagger, der bisher allerdings noch nie gesichtet wurde.

Ausgebildete Taucher können zusammen mit einem Vereinsmitglied des Tauchsportclubs Zülpich in die Tiefe gehen. Gasttaucher melden sich beim Tauchsportclub unter www.tsc-zuelpich.de an. Und vielleicht bald zu mehr. Denn wer hier im relativ trüben Wasser tauchen kann, der kann es überall.

Hin & Weg: Parken am Eingang zum Zülpicher See: Am Wassersportsee, Zülpich.

Beste Zeit: Für passionierte Taucher: Immer!

Dauer: Ein paar Stunden oder länger.

Ausrüstung: Tauchsportausrüstung (Probetauchen ohne eigene Ausrüstung z. B. beim Seefest im Juli).

ZWERGE IN DER HEIDE

✶ ... Suchen und Finden in der Drover Heide ✶

#11

Sträßchen voller Pfützen und lauter flache Tümpel, die in die Wege hineinragen. Sind das etwa ungepflegte Wege? Hier nicht! Im Gegenteil: Die kleinen Überschwemmungen werden sorgfältig gepflegt und gehütet.

Hundert Jahre lang war die karge Heidefläche am nordöstlichen Eifelrand militärisches Übungsgelände. Schwere Fahrzeuge und Panzer hatten den Boden so verdichtet, dass an vielen Stellen fast nichts mehr wuchs. Nach jedem Regen bildeten sich große Pfützen, weil das Wasser bei dem festen Untergrund nicht abfließen konnte. Schrecklich? Einige seltene Pflänzchen finden das gar nicht! Faden-Enzian, Zwerg-Lein, Acker-Kleinling und Sand-Binse lieben flache Wasserlachen, die im Sommer schon mal austrocknen. Wenn es regnet, füllen sich hier über 700 Pfützen und kleine Teiche mit Wasser. Die Winzlinge keimen dann sehr schnell, brauchen aber viel Licht. Zwei Urzeitkrebsarten wurden in den Pfützen der Drover Heide übrigens auch entdeckt. Beide galten in Nordrhein-Westfalen bis vor wenigen Jahren als verschwunden.

Bis 2004 hatten die Panzerketten dafür gesorgt, dass keine größeren Pflanzen wuchsen. Insbesondere der Pillenfarn, der eher wie eine kleine Binse aussieht, hat die Panzerketten sogar als direktes Transportmittel für Ableger und Sporenkapseln genutzt. Seit dem Ende

Hin & Weg: Von Düren auf der B56 in Richtung Zülpich fahren, vor der Ortschaft Soller nach rechts auf die K28 abbiegen, nach 3 km auf dem Wanderparkplatz links parken. Wegmarkierung 52.

Beste Zeit: Am schönsten ist es zur Heideblüte im August.

Dauer & Strecke: 3 Std., 11,4 km (Großer Heideweg). Eine Tafel mit Wanderwegen findet sich direkt am Parkplatz.

Ausrüstung: Wasserdichte Schuhe oder auch mal barfuß gehen.

Fast 700 Kleingewässer hat die Drover Heide zu bieten (links). Typische Blüten der Heideflächen im September: Heidekraut, Wilde Möhre und Wiesenflockenblume. Zwergbinse in einer Pfütze (rechts).

der militärischen Nutzung gestaltet sich das Überleben der Zwerge der Drover Heide aber etwas schwieriger.

Um die Heide mit ihren Besonderheiten zu erhalten, wird wirklich einiges getan: Hochlandrinder und Ziegen weiden hier und von Zeit zu Zeit wird die Besenheide auch abgebrannt. Die Wirkung von 60 Tonnen schweren Fahrzeugen lässt sich jedoch nicht so leicht ersetzen.

> **FAZIT: DAS GEBIET IST SCHÖN FÜR SPAZIERGÄNGE UND KLEINE WANDERUNGEN. WER LUST HAT: BARFUß DURCH PFÜTZEN GEHEN. DIE PFLÄNZCHEN HABEN NICHTS GEGEN STÖRUNGEN.**

Der Große Heideweg ist 11,4 Kilometer lang und führt rund um das Heidegebiet. Kleinere Wege und Abkürzungen quer durch die Heide bieten Variationsmöglichkeiten an.

DURCH DIE GESCHICHTE DER MENSCHHEIT

⪫ ... in der Kakushöhle bei Mechernich ⪪

#12

Was ist dran an dieser Höhle? Neandertaler, Nomaden der Eiszeit und Kelten lebten in ihr. Römer hinterließen hier ihre Spuren und auch im Mittelalter war sie bewohnt. Selbst ein Riese hatte sie sich als Wohnstätte auserkoren.

Die Kakushöhle ist eine der bedeutenden prähistorischen Fundstätten Europas. Feucht, kalt und finster? Nicht diese Höhle! Schon Neandertaler, der Homo sapiens und die Kelten fanden die Kakushöhle wohnlich.

Einst lebte in dieser Höhle der Riese Kakus. Er war ein übler Räuber und tyrannisierte die Menschen. Dann kam Herkules in die Gegend und ließ sich auf einem nahegelegenen Berg nieder. Herkules war ebenfalls sehr stark, wollte aber in Frieden leben und unterstützte die Menschen in ihrem Kampf gegen Kakus. Schließlich kam es zum Showdown zwischen den beiden, an dessen Ende Herkules einen großen Felsen packte und die Höhle samt Kakus zertrümmerte. Diese Geschichte ähnelt verdächtig einer alten römischen Sage, doch die Eifler fanden wohl, dass sie bestens zu dieser Höhle passt!

Der Kartsteinfelsen, in dem sich die Kakushöhle befindet, liegt in einem verwunschenen Schluchtwald. Ein Rundweg von 600 Metern führt durch die Höhle und über das Plateau oben auf dem Felsen. Am Beginn des Wegs liegt die Große Kirche. Mit ihrer Höhe von 15 Metern und einer Breite von 30 Metern wirkt diese imposante Höhle wie ein Saal. Der Lichteinfall durch einige Öffnungen erzeugt einen fast schon wohnlichen Charakter.

Steinwerkzeuge, ebenso wie Speisereste von Mammut und Rentier, zeigen, dass bereits vor 80 000 Jahren Neandertaler die Vorteile der

Hin & Weg: Bus RVK 830, Start und Parken beim Café zur Kakushöhle, Kakusstraße 3, Mechernich-Dreimühlen (westlich vom Ort).

Beste Zeit: Immer. Öffnungszeiten von Café und Therme unter www.cafe-kakushöhle.de und www.eifel-therme-zikkurat.de

Dauer & Strecke: 30 Min., ca. 600 m. Infos und Karte zur Kakushöhle unter www.eifel.info/a-kakushoehle-1

Höhle zu schätzen wussten. Sie zählt damit zu den ältesten Zeugnissen der Siedlungsgeschichte der Menschheit. Viele weitere Phasen der Besiedlung bis hinein ins Mittelalter konnten nachgewiesen werden. Oben auf dem Plateau gab es früher auf der offenen Seite einen Schutzwall. Außerdem fand man dort auch die Reste eines kleinen Ofens zur Eisenverhüttung aus vorchristlicher Zeit.

Der Zutritt zur Höhle ist kostenlos, stärken kann man sich im Café zur Kakushöhle beim Parkplatz. Mit einem Besuch der 14 Kilometer entfernten Eifel-Therme-Zikkurat in Mechernich (Innen- und Außenbadebereich, Sauna, Massagen) lässt sich ein Besuch der Kakushöhle zu einem Tagesausflug erweitern – ideal für einen regnerischen Tag.

FAZIT: DER RUNDWEG IST NICHT NUR IN GESCHICHTLICHER HINSICHT INTERESSANT. DAS RAUMERLEBNIS IN DER KAKUSHÖHLE IST FASZINIEREND.

SONNEN- AUFGANG ÜBER DEN WIPFELN

... auf dem Burgberg im Hürtgenwald

#13

Vor Tagesanbruch aus den Federn kriechen? Dafür braucht es gute Gründe, zumindest einen. Hier ist er: den Sonnenaufgang mit einem Frühstück aus dem Picknickkorb und einem grandiosen Blick über die Eifel zu erleben.

Fünf Uhr morgens. Alles rundherum ist in ein schwaches bläuliches Licht getaucht. Der Naturpark Eifel schläft noch – sollte man jedenfalls meinen. Doch von Stille keine Spur: Während wir den steilen Weg durch den Wald bergauf stapfen, begleitet uns fröhliches und lautstarkes Vogelgezwitscher.

Nach etwa zehn Minuten taucht der Aussichtsturm, das Ziel dieser frühmorgendlichen Tour, vor uns auf. Er ist einer von 64 Orten im Naturpark zwischen Düren und Prüm, die einen besonders spektakulären Ausblick versprechen. Noch 76 Stufen und ein mulmiges Gefühl angesichts der filigranen Turmkonstruktion trennen uns von diesem Moment. Jetzt nur nicht runterschauen und bloß keine Höhenangst – wir wollen da hoch!

Oben angekommen: ein beeindruckendes Schauspiel! Zarter Nebelschleier liegt über den Tälern und am fernen östlichen Horizont beginnt der Himmel zu leuchten. Aus dem Dunkel der Täler dringen entfernt Autogeräusche, doch gegen das muntere Gezwitscher der Vögel kommen sie nicht an. Der Himmel wird zunehmend heller, der Dunst in den Tälern und am Horizont wird milchig-opak und

Hin & Weg: Start und Parkplatz: In Bergstein der Beschilderung Burgberg folgen. Der Parkplatz befindet sich am Ende der Burgstraße.

Beste Zeit: Frühling–Herbst.

Dauer & Strecke: 1,5 Std. (inkl. Frühstück).

Ausrüstung: Leckeres Frühstück.

Kaffee mit Aussicht: Der Sonnenaufgang auf dem Burgberg - ein wunderbares Naturschauspiel.

dann schiebt sich die Sonne hinter der Dunst-schicht am Horizont empor. Ein leichter Morgenwind setzt ein, für einen Moment ist alles perfekt. Wer denkt da noch daran, wie schwer das Aufstehen am Morgen fiel, wie gern man sich nochmal im Bett umgedreht hätte. Jetzt noch eine Tasse Kaffee aus der Thermoskanne und dazu ein belegtes Brötchen – kann ein Tag schöner beginnen?

Tipp: Auf www.eifel-blicke.de gibt es nähere Informationen zu allen 65 Aussichtspunkten mit Anfahrt.

FAZIT: FOTOS VON SONNENAUFGÄNGEN HAT MAN SCHON OFT GESEHEN. EINEN SOLCHEN ABER SELBST ZU ERLEBEN, NOCH DAZU VON EINEM AUSSICHTSTURM MIT EINEM WUNDERBAREN EIFEL-BLICK, IST ETWAS VÖLLIG ANDERES.

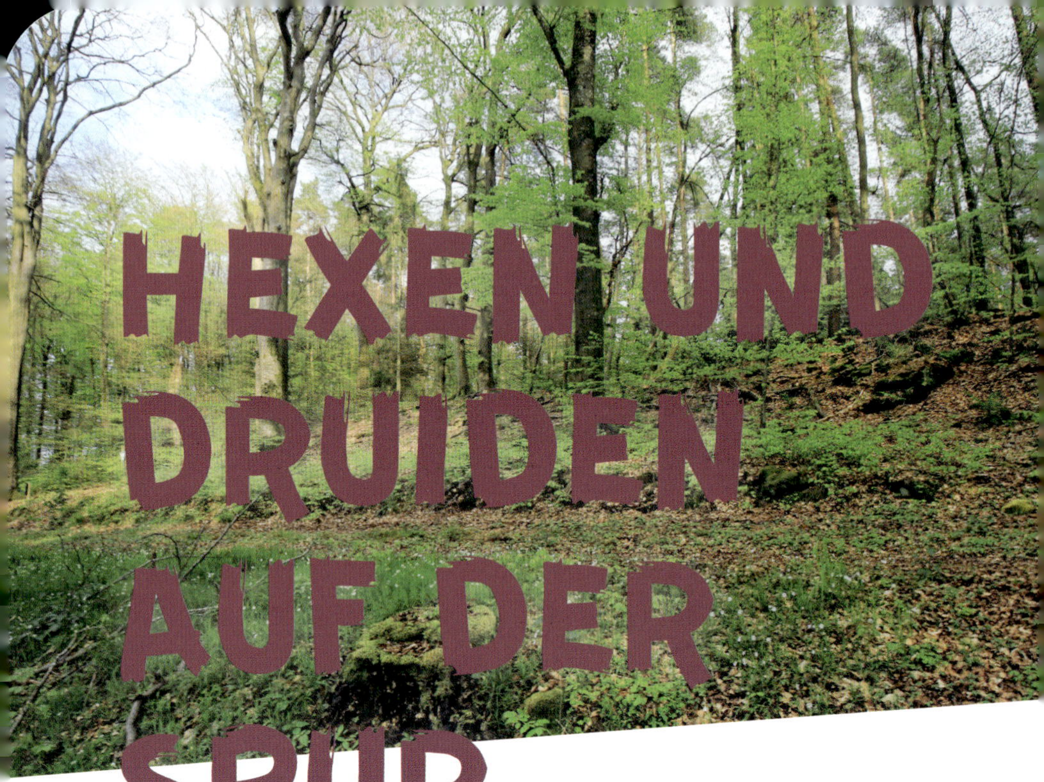

HEXEN UND DRUIDEN AUF DER SPUR

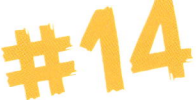

... auf dem Ferschweiler Plateau

#14

Mächtige alte Bäume, vermooste Steine mit eingeritzten Zeichen, Findlinge mitten im Wald – auf dem Ferschweiler Plateau lauern Plätze mit geheimnisvoller Aura. Sie heißen Tanzkyll oder Druidenstein. Fantasy meets Geschichte.

#mystisch #Druidenstein #Wallanlage #Tanzkyll #Römer #Weihestein

Der geheimnisvolle Druidenstein.

Die christlichen Missionare in der Eifel haben sich angesichts der heidnischen Plätze vermutlich die Haare gerauft. Und dann aber Schwerstarbeit geleistet und alles so gut es geht »weggeräumt«. Nur auf dem Ferschweiler Plateau waren sie nicht ganz so gründlich. Oder die Geschichten um die mystischen Plätze hielten sich hier einfach zu gut.

Ausgangspunkt für diese einstündige Tour ist das Rokoko-Schloss Weilerbach südlich von Bollendorf-Weilerbach. Das Schloss kann besichtigt werden, auch ein Café gibt es. Doch erst einmal ruft der Wald mit seinen geheimnisvollen Schätzen. Weg Nr. 57 führt direkt hinauf zum Bärenstein, auch Opferstein, Druidenstein oder Heidenstein genannt. Unvermittelt taucht

er auf: ein großer, seltsam geformter Stein, der auf einem schmalen Sockel ruht. Es ist von unten zwar nicht gut zu erkennen, oben soll sich aber eine Rinne befinden, durch die das Blut der Opfer abfließen konnte. Ob der Stein wirklich jemals kultischen Zwecken gedient hat, ist nicht klar, doch so merkwürdig, wie er aussieht, ist das gut vorstellbar. Auf jeden Fall hat er viele Leute dazu animiert, irgendetwas in seine Oberfläche zu kratzen. Ob Kreuz, Namenskürzel oder Symbol, alle sagen: Ich war hier. Die Rastbank direkt am Stein ist eigentlich ganz hübsch, doch ein gemütliches Picknick passt nicht wirklich zu einem Opferaltar mit Blutrinne.

Etwas weiter oben beginnt die Hochfläche des Plateaus. Durch die steil abfallenden Felsränder bildete es eine natürliche Festung, die nur an den offenen Stellen durch Wallanlagen ergänzt werden musste. Die Wallanlage hier ist von Bäu-

men bewachsen und für einen Laien nicht leicht zu erahnen. Sie heißt Niederburg und stammt wahrscheinlich aus der Zeit bis 100 n. Chr. Wer sich hier gegen wen verteidigte, wer genau hier lebte und wie, ist bisher unbekannt. Vor der Niederburg befindet sich ein großer, ebener Platz, der Tanzkyllplatz mit den Tanzkyllbuchen. Die älteste, mittlerweile umgestürzte Buche wurde Mutterbuche genannt. Sie hatte einen Umfang von mehreren Metern und ein Alter von ungefähr 300 Jahren. Haben hier wirklich Menschen getanzt? Baumkult? Hexentanz?

Doch nicht nur die Kelten, auch die Römer haben Spuren ihres religiösen Brauchtums hinterlassen. Für den Rückweg folgt man zunächst dem gleichen Weg in die andere Richtung und dann der Ausschilderung zum römischen Diana-Denkmal. Von diesem Weihestein ist nur das Unterteil eines Reliefs erhalten und

Während die Tanzkyll-Buchen Anfang Mai noch ziemlich kahl sind, blüht am Wegrand bereits der Waldmeister. Ausgangspunkt für die Tour ist das Schloss Weilerbach, das als »Rokoko-Juwel« gilt.

der Sockel mit einer Inschrift. Ein gewisser Quintus Postumius Potens war einst hier und hat der Göttin Diana diesen Stein gewidmet.

Mit einem Imbiss im Museumscafé beim Schloss Weilerbach kommt man bestens wieder im Hier und Jetzt an.

Tipp: Mehr zu den Zeugnissen aus der Vorzeit des Ferschweiler Plateaus gibt es auf www. eifel.info/a-ferschweiler-plateau

FAZIT: DAS SAGENUMWOBENE FERSCH-WEILER PLATEAU IST WAHRSCHEINLICH DIE GEHEIMNISVOLLSTE REGION DER EIFEL!

Hin & Weg: Parken/Startpunkt am Schloss Weilerbach, Bollendorf.

Beste Zeit: Ganzjährig. Öffnungszeiten des Museum-Cafés unter www.eifel.info/a-museums cafe-remise

Dauer & Strecke: 1 Std., 3 km.

Ausrüstung: Wanderschuhe.

→ ABSTECHER...

PILZE-SUCHEN FÜR ANFÄNGER

... auf dem Naturerlebnispfad bei Nettersheim

#15 Ein Ausflug, von dem man mit vollen Taschen zurückkehrt, zaubert nicht nur den Kleinen ein Lächeln ins Gesicht. Vielleicht das Sammler-Gen, das bis heute wirkt? Egal, jedenfalls schmeckt das, was man selbst gesammelt hat, besser als Gekauftes. Im Herbst heißt es deshalb: Ab in die Pilze!

Steckbrief: Der Schopftintling

Größe: 6–18 cm. Geruch: angenehm.

Hut: zylindrisch, walzenförmig, weiß, weiche, abstehende Schuppen, oben am Scheitel bräunlich.

Lamellen: anfangs weiß, dann rosa, schließlich wird der Hut vom Rand her schwarz und zerläuft zu schwarzer »Tinte«.

Stiel: hohl und faserig, mit schmalem, beweglichem und vergänglichem Ring.

Der Schopftintling wurde von der Deutschen Gesellschaft für Mykologie zum Pilz des Jahres 2024 gewählt.

Zunächst denkt man beim Pilzesammeln natürlich an den Steinpilz. Tatsächlich gibt es ihn auch in der Eifel. Leider hat er einen extrem bitteren Doppelgänger. Deshalb werden hier zwei andere interessante Pilze vorgestellt: der Schopftintling und das Judasohr. Sie sind leicht zu erkennen, ohne giftige Doppelgänger, relativ häufig und wachsen in Grüppchen.

Bewaffnet mit Taschenmesser und einem Korb, am besten auch noch einem Pilzbuch, geht es los auf dem Naturerlebnispfad in Nettersheim. Der Schopftintling wächst vorzugsweise an Wegrändern und in parkähnlichen Anlagen. Nach diesem Pilz kann man also direkt ab Beginn des Weges gucken! Auf dem großen Abenteuerspielplatz interessieren jetzt keineswegs mehr die Geräte, stattdessen ist der Blick nach unten gerichtet. Da, auf der sonnigen Wiese, sind das etwa schon die ersten Schopftintlinge?

Der nächste Fokus liegt auf den Büschen entlang der Urft und rund um den Römerweiher. Das Judasohr wächst speziell in feuchten Gebieten, auf den Ästen von abgestorbenen Holunderbüschen. Für diesen Pilz muss der Blick also auf Augenhöhe durch das Gestrüpp wandern. Das ist ein Grund, warum dieser recht häufige Pilz so unbekannt ist. Gegessen hat ihn aber wahrscheinlich jeder schon einmal, zum Beispiel in einem China-Restaurant. Die asiatische Version des Judasohrs heißt Mu Err.

Nach einer Ausgrabungsstätte führt der Weg nach links oben. Rechter Hand liegt ein Wald und es lohnt sich genau hinzusehen und differenziert auf Brauntöne zu achten. Es wurde hier nämlich schon mal ein Steinpilz gesehen! Etwas weiter oben zweigt der Rundweg als kleiner Pfad nach rechts durch den Wald ab. Eine letzte Chance für Sammler bietet der Fossilienacker: keine Pilze, dafür versteinerte Korallen.

Steckbrief: Das Judasohr

Fruchtkörper: braun, lappenartig, erinnert zuweilen an ein Ohr, Oberseite samtig, Unterseite heller und glatter als Oberseite, keine Lamellen, kein Stiel. Bei trockenem Wetter trocknet der Pilz ein, bei feuchtem quillt er wieder auf. Auch im Winter gedeiht das Judasohr.

Geruch: schwach.

Der Pilz lässt sich ausgezeichnet und schnell trocknen.

FAZIT: PILZGLÜCK HÄNGT VON VIELEN FAKTOREN AB, DOCH WENN MAN AUF DEN GESCHMACK GEKOMMEN IST, DANN LOHNT ES SICH, AUCH EINMAL AN EINER PILZ-EXKURSION TEILZUNEHMEN.

Hin & Weg: Schienenersatzverkehr, voraussichtlich ab 2. Quartal 2024 wieder direkte Bahnverbindung ab Köln bis Nettersheim, aktuelle Verbindung auf www.vrsinfo.de. Vom Bahnhof 150 m Fußweg zum Naturzentrum Eifel, Urfttstraße 2–4, Nettersheim; ab dort dem Naturerlebnispfad folgen.

Beste Zeit: September–November (Schopftintling), September–April (Judasohr).

Dauer: So lange man möchte – und je nach Sammelgeschwindigkeit.

Ausrüstung: Taschenmesser, Korb.

Übrigens: Pilzexkursionen werden z.B. angeboten vom Naturzentrum Nettersheim (www.naturzentrum-eifel.de), vom Haus Ternell (www.ternell.be) und der Arbeitsgemeinschaft Pilze (www.pilzag.de).

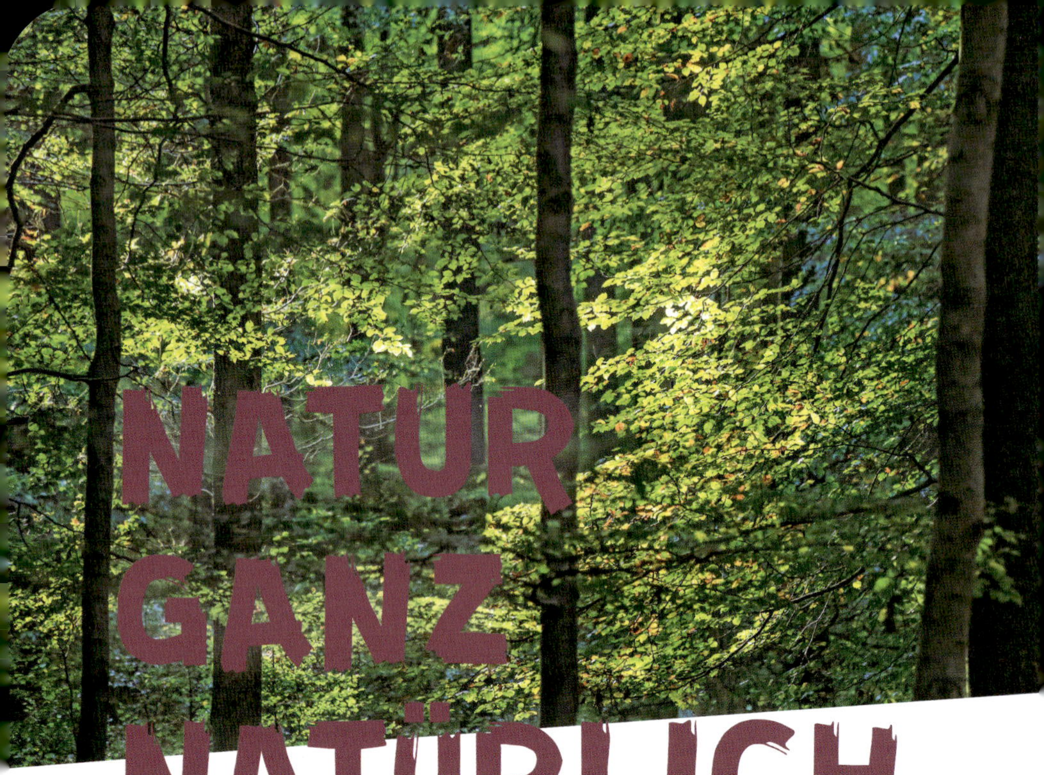

NATUR GANZ NATÜRLICH

... eine begleitete Tour im Wilden Kermeter

#16

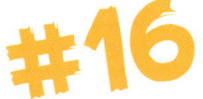

»Natur Natur sein lassen« – so lautet das Motto des Nationalparks. Klingt einfach und ist es doch nicht. Wie es umgesetzt wird, erfährt man jeden Sonntag ab 13 Uhr bei einer kostenlosen Tour mit dem Ranger durch den Wilden Kermeter.

#Rangertour #neuerUrwald #Wildnis #Prüsseboom #Aussichtspunkt Hirschley

Die schwarze Erde weist auf die schon länger zurückliegende Holzkohleherstellung hin.

Ein großes, geschlossenes Waldgebiet, der Kermeter, bildet das Kernstück des Nationalparks Eifel. Das Besondere an diesem Wald? Max Effenberg, der Ranger, erklärt es, ach was: zeigt es! Zuerst stellt er die Rotbuche vor. Als Parkett kennt das Holz vermutlich jeder, doch wie der Baum selbst aussieht – Fehlanzeige. Dabei war es vor allem dieser Baum, der ursprünglich die weiten Flächen der Eifel bedeckte. Bis 2004, als der Nationalpark gegründet wurde, war der Wald ein Nutzwald und die Bäume wurden systematisch ab einem bestimmten Alter gefällt.

Das wird sich künftig ändern. Ziel der Nationalparkverwaltung: Im Verlauf von 30 Jahren sollen 75 Prozent des Waldes sich selbst überlassen werden. Die Nadelhölzer, die hier ursprünglich nicht beheimatet waren, sollen dann weitgehend zurückgedrängt sein. Zu diesem Zweck werden diese Bäume »geringelt«: Ein ringförmiger Streifen der Borke wird entfernt, wodurch der Baum abstirbt. Die Buchen drumrum sind jetzt ca. 80 Jahre alt, und bis zu 300 Jahre alt können sie werden. Bis der neue Urwald entstanden sein wird, vergehen also wohl noch ein paar Jährchen …

Am Aussichtspunkt Hirschley öffnet sich ein weiter Panoramablick auf die Rurtalsperre.

Die Wildnis zurückzuholen scheint ein komplizierter Prozess zu sein. Wie aktiv soll der Mensch in diesen Prozess eingreifen? Wie viel Wildnis darf es denn sein? Dürfen mit dem wilden Wald auch Wölfe und Bären zurückkommen? Diese und ähnliche Fragen tauchen auf im Verlauf der dreistündigen Wanderung, und der Ranger hat auf fast alle eine Antwort.

Und er kann viele Geschichten erzählen, während seine Zuhörer mit ihm so durch den Wald stapfen. Immer wieder hält er an, wartet, bis alle nah genug herangekommen sind, um zu hören, was er erzählt. Seht ihr dort den umgestürzten Baum? Er gibt den Blick frei auf schwarz-krümelige Erde. Man erfährt, dass sich hier einer der über 1000 Kohlemeiler befand, die es vom Mittelalter bis zur Mitte des 20. Jahrhunderts im Wald gab.

Die Buchenholzkohle spielte früher eine wichtige Rolle bei der Verhüttung von Eisenerz. Im 17. und 18. Jahrhundert, als die Eisenindustrie florierte, kam es daher zu einer zunehmenden Abholzung der Wälder der Eifel. Während der preußischen Herrschaft ab 1815 begann die Regierung die Eifel großflächig mit Fichten aufzuforsten – einem Baum, der schnell

Hin & Weg: Ab Heimbach Bahnhof oder Gemünd Mitte mit dem Niederflurbus 231 oder dem »Mäxchen« ab Heimbach, Haltestelle (auch Parkplatz) »Wilder Kermeter«.

Beste Zeit: Ganzjährig, auch bei »schlechtem« Wetter. Mehr über die Rangertour Wilder Kermeter unter www.nationalpark-eifel.de

Dauer & Strecke: 3 Std., ca. 5 km.

Ausrüstung: Fernglas, falls vorhanden. Auch für Menschen mit Gehbehinderung sehr gut machbar.

Die Ranger sind Mitarbeiter der Nationalparkverwaltung und kennen sich bestens in der Region aus.

wuchs und guten Ertrag brachte, aber ursprünglich hier nicht verbreitet war. Die Fichte wird seither in der Region auch Preußenbaum oder Prüsseboom genannt.

Nach ca. 1,5 Stunden erreicht die Gruppe den Aussichtspunkt Hirschley – ein Highlight der Tour. Der Blick geht auf den Rursee unten im Tal und auf weite, von Wäldern bedeckte Hügel. Eine geradezu erhabene Ruhe geht von diesem Platz aus. Wer möchte, kann etwa

200 Meter nach der Wegekreuzung Schwarzes Kreuz nach links abzweigen und noch eine kleine Extrarunde auf dem Wilden Weg zurück zum Parkplatz machen.

FAZIT: BEI EINER TOUR MIT DEM RANGER MACHT DER WALDSPAZIERGANG NOCH VIEL MEHR SPAß. DABEI ERFÄHRT MAN HAUTNAH, WAS EINEN NATIONALPARK SO BESONDERS MACHT.

ZWISCHEN KARREN-SPUREN UND MODERNE

⫸ ... Dorfrundgang in Lammersdorf ⫷

#17

Wald und Wiesen vor der Haustüre haben.

Das Wochenende direkt in der Natur

starten. Nachts das Funkeln der Sterne

bestaunen. In einem kleinen schnuckeli-

gen Eifeldorf wohnen. Wie wäre das?

#Landliebe #Landhaus #Dorfleben

Ländliche Idylle mit Panzersperre des Westwalls (links).
Scheune am »Scholls Jääsje«.

Wie lebt es sich in einem ganz normalen Eifeldorf, zum Beispiel in Lammersdorf? Eine Antwort auf diese Frage gibt der ausgeschilderte Dorfrundgang durch den Ort und die Umgebung, auf dem man vieles kennenlernt, was für die Bewohner wichtig war und ist. Es versteht sich fast von selbst, dass der Rundgang an der Dorfkirche beginnt, dem traditionellen Zentrum aller Eifeldörfer. Dann geht es vorbei an der Bäckerei Konditorei Prüm-

mer, die schon in dritter Generation von der Familie betrieben wird. Scholls Jääsje ist auf dem Holzschild des Wegs zu lesen, auf dem es weitergeht. Der Heimatverein pflegt und erhält auf diese Weise die alten Namen der Straßen und Flurstücke. Der Weg führt zum Waggon Lammersdorf, einem offenen Jugendtreff. Aus einem verrosteten Eisenbahnwaggon entstand in unzähligen ehrenamtlichen Arbeitsstunden ein Ort für die Jugend, zum

Altes Blausteinkreuz von 1696 (links). Der uralte Hohlweg führt hinunter zum Keltzerbach. Bei Regenwetter verwandelt der Weg sich in einen kleinen Bach – deshalb führt der markierte Dorfrundgang oberhalb des Hohlwegs entlang.

Beispiel für Feten oder Konzerte. Gleich daneben hat der Sportverein sein Gelände. Vereine und Ehrenamtler – sie spielen in den Eifeldörfern eine wichtige Rolle! Ohne sie wäre das Dorfleben wesentlich ärmer.

Nun wird der Weg zu einer kleinen Reise in die Vergangenheit des Ortes. Er passiert die Höckerlinie aus dem Zweiten Weltkrieg, den Cholera-Friedhof und führt dann auf einem uralten Hohlweg hinunter in ein Bachtal. Im Steinboden des Hohlwegs haben die Karrenräder über Jahrhunderte ihre Spurrillen hinterlassen. Vermutlich wurden hier Bruchsteine für den Häuserbau und Brennholz aus den Wäldern der Umgebung transportiert. Dann wird der Boden sumpfiger und an den winterlichen Blättern und Gräsern haben sich wunderschöne, dicke Eiskristalle gebildet. So

wie hier sah die Landschaft früher wohl überall rund um Lammersdorf aus.

Zurück im Ort, zeigt dieser sein modernes Gesicht. Wachstum, Wandel und wirtschaftlicher Aufschwung begann mit dem 1924 in Lammersdorf gegründeten Unternehmen Otto Junker, das weltweit führend ist in der Herstellung komplexer Industrieofenanlagen. Dieses Unternehmen hat ganz wesentlich dazu beigetragen, dass das Dorf auch heute eine gute Infrastruktur hat.

Dann wird's wieder idyllisch. Das Bauernmuseum ist liebevoll eingerichtet, wie ein Bauernhaus vor 100 oder 200 Jahren (www.lammersdorf-bauernmuseum.de). Und auch hier haben Freiwillige viele ehrenamtliche Stunden verbracht, um das zu bewirken.

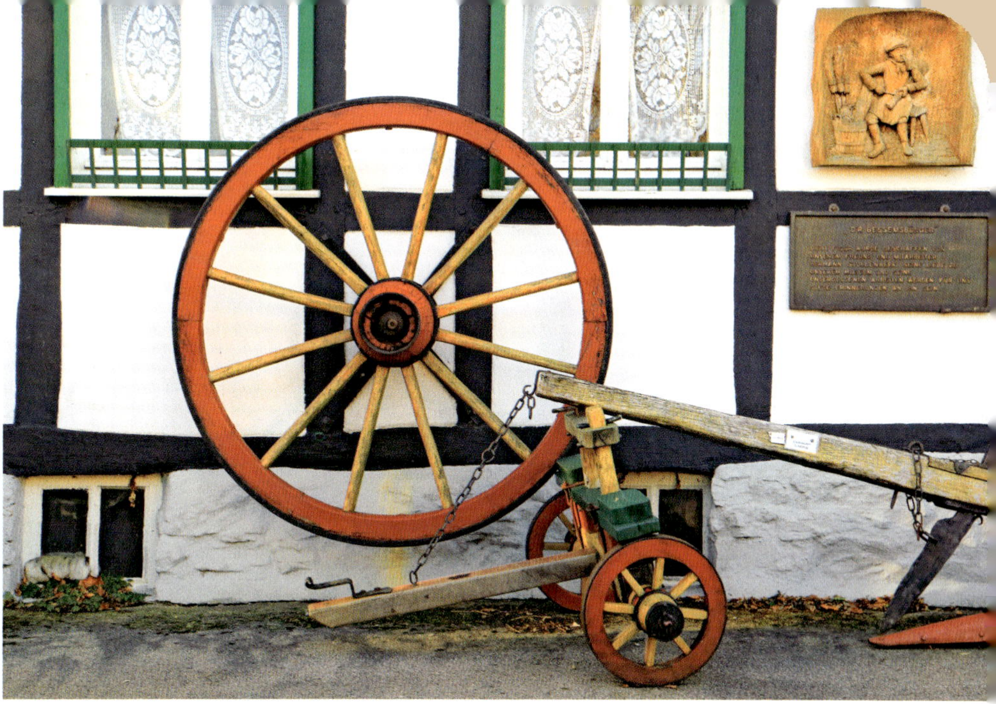

Großes Wagenrad und Karren vor dem »Bauernmuseum Lammersdorf«.

FAZIT: LEBEN AUF DEM DORF HAT MEHR ZU BIETEN ALS WALD UND WIESE VOR DER TÜRE. DIE BEWOHNER DER EIFELDÖRFER BILDEN EINE GUT FUNKTIONIERENDE, AKTIVE GEMEINSCHAFT MIT VIELEN MÖGLICHKEITEN ZUM MITWIRKEN.

Hin & Weg: Mit dem Rheinlandbus 68 oder der Nationalpark-Linie SB63. Start an der Kirche in der Kirchstraße, Lammersdorf; Wegmarkierung 02.

Beste Zeit: Immer.

Dauer & Strecke: Etwa 2 Std., 5,6 km.

Ausrüstung: Wetterfeste Kleidung und wasserdichte Schuhe.

Übrigens: Darf's mehr Dorfleben sein? In Simmerath gibt's 14 ausgeschilderte Rundgänge: www.rursee.de/wandern/rundwanderwege/dorfrundgaenge

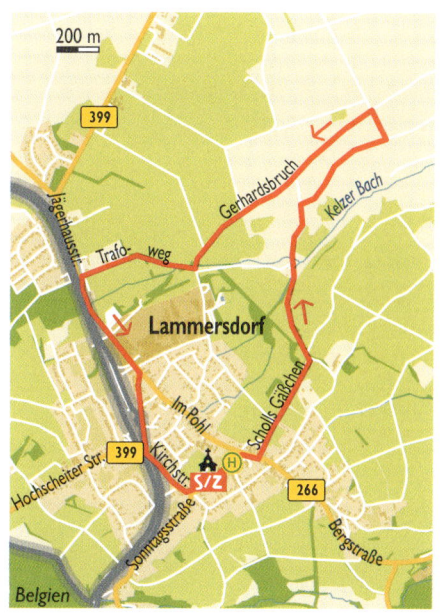

IMMER WIEDER-KOMMEN

⫸ … auf die Kalferscheider Gasse bei Simmerath ⫷

#18 *Es gibt Orte, die beruhigend auf uns wirken. Weil sie sich im Grunde nicht ändern, aber zu unterschiedlichen Tages- oder Jahreszeiten doch ein ganz anderes Gesicht zeigen können. Wenn man in der Nähe ist, verspürt man Lust, mal kurz vorbeizuschauen. Genau so ein Ort ist die Kalferscheider Gasse westlich von Simmerath.*

Biotop Westwall. Unter einem kleinen Hügel verbirgt sich ein gesprengter Bunker (rechts).

Simmerath ist eine kleine, lebendige Eifelstadt. Wer die Kalferscheider Gasse sucht, muss eigentlich nur nach der Lindenstraße fragen. Folgt man ihr bis an den Ortsrand, befindet man sich am Beginn der Kalferscheider Gasse. Darunter stellt man sich vielleicht eher einen schmalen Weg vor, doch diese Gasse ist breit und wird von mächtigen, alten Buchen gesäumt. Jeder Ortsfremde würde ohne zu zögern von einer prächtigen Allee sprechen. Doch hier ist das Monschauer Heckenland! Der krumme Wuchs der Bäume im unteren Bereich beweist, dass diese Allee einst eine Hecke war (und für die Einheimischen wahrscheinlich immer noch ist).

Die Menschen wirken geradezu winzig unter diesen riesigen, imposanten Rotbuchen. Gleichzeitig überträgt sich von den mächtigen Bäumen ein Gefühl von Größe, Weite und Er-

habenheit. Stress fällt ab, Grün schiebt sich vor alle anderen Gedanken.

Manchmal sind zehn Minuten auf einer vertrauten Strecke genug, um zur Ruhe zu kommen und neue Kraft zu schöpfen. Gelegentlich hat man aber auch Lust auf etwas mehr Bewegung. Dann kann man auf den Westwallwanderweg nach links abbiegen und dem Westwall quer durch das Naturschutzgebiet Kranzbruch folgen. Am Ende rechts halten und dem markierten Weg bis zu einer Straßenkreuzung folgen. In das Sträßchen Om Jellert einbiegen. Jetzt wird es mystisch: Am oberen Rand des Kalltals liegt ein Hexentanzplatz. Doch keine Sorge, eventuelle magische Kräfte sind durch ein Kreuz daneben sicherheitshalber neutralisiert.

Unterwegs gibt es immer wieder Zeugnisse aus dunklen Zeiten zu sehen. Fast jedes Mal,

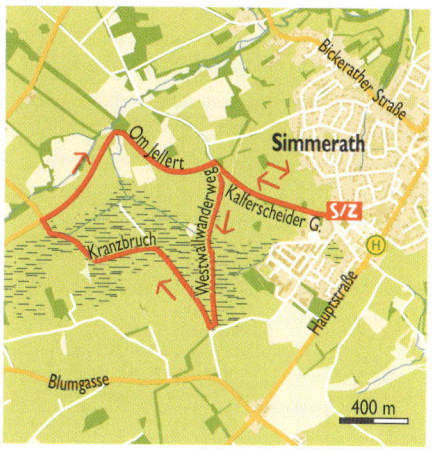

wenn in den Wiesen kleine Hügel auftauchen, handelt es sich um Bunker, die meistens so gründlich gesprengt wurden, dass außer Beton und Eisenarmierungen nichts mehr zu erkennen ist. Der Rundweg mündet schließlich wieder in der Kalferscheider Gasse und man hat noch einmal Gelegenheit, die schöne Allee auf sich wirken zu lassen.

FAZIT: TIEF DURCHATMEN, EIN STÜCK GEHEN, GEDANKEN ZIEHEN LASSEN, KOPF FREIMACHEN.

Hin & Weg: Mit dem Rheinlandbus 68, 82 oder 83 bis Haltestelle Simmerath Berufsschule. 450 m Fußweg zum Startpunkt: Lindenstraße 24, Simmerath.

Beste Zeit: Immer und immer wieder. Mehr über die Gemeinde unter www.simmerath.de

Dauer & Strecke: 20 Min. oder 1,5 Std., Kalferscheider Gasse 2 km (hin und zurück), Rundweg 4,5 km.

Ausrüstung: Glückspilze finden im Herbst auf alten Buchen Austernseitlinge. Daher lohnt es sich, ein Messer dabeizuhaben.

STAUNEN ÜBER STEINE

 ... am Vennwacken bei Mützenich

Venn bedeutet so viel wie Moor. Auf dem Hohen Venn, einer schildförmig gewölbten Hochfläche im Deutsch-Belgischen Naturpark Hohes Venn – Eifel, gibt es noch rund 600 Quadratkilometer Moor. Was macht diese Landschaft so besonders? Seltsame Steine zum Beispiel, die Vennwacken.

#Moor #HohesVenn #alteSagen #Quarzitblöcke

Von der Größe her passend. Aber bequem? »Kaiser Karls Bettstatt« (links). Alte Rotbuche und verwitterte Scheune.

An vielen Stellen ähnelt der Boden im Venn einem Schwamm, vollgesogen mit Wasser. Entwässerungsgräben begleiten die Straßen und an manchen Stellen führen Stege durch besonders nasse Stellen. So eine Ansammlung von Wasser! Und das oben auf einer Hochfläche! Dann ist da ein Felsbrocken: harte Kanten und klare Form – so als wäre er kürzlich dort abgelegt worden. Kann der schwimmen? Diese harschen Steine, die Vennwacken, wirken seltsam fremd und verloren in der Landschaft. So verwundert es nicht, dass um den größten der Vennwacken eine Geschichte gewebt wurde: Kaiser Karl der Große – groß von Bedeutung und auch von Statur – ging gerne im Hohen Venn auf die Jagd. Eines Ta-

ges verirrte er sich. Die Nacht brach an und in Ermanglung eines trockenen Schlafplatzes legte er sich auf diesen Stein in der Nähe von Mützenich zur Ruhe. Ein besorgter Begleiter bot ihm eine Mütze an. Kaiser Karl sagte nur: Mütze? Nich! So kam – glaubt man der Geschichte – der Stein zu seinem Namen und der nahegelegene Ort Mützenich ebenfalls.

Wer im Hohen Venn unterwegs ist, trifft immer wieder auf diese markanten Quarzitblöcke. Ihre Entstehungsgeschichte reicht 500 Millionen Jahre zurück: Quarzsande und Schlamm lagerten sich auf dem Boden eines Meeres ab und wurden dort in der Tiefe unter hohem Druck und hohen Temperaturen zu Tonschiefer und Quarzit zusammengebacken. Im Lauf der Erdgeschichte hob sich der Meeresboden an und die jüngeren, weichen

Gesteinsschichten verwitterten zu wasserundurchlässigem Tonboden. Bis zu zehn Meter tief war dieser Boden in der letzten Eiszeit gefroren. Im Sommer taute nur die oberste Schicht auf und die schlammige Erde rutschte hangabwärts. Geologen sprechen von Fließerden. Nur die schweren, harten Quarzitfelsen blieben an den Hangkuppen zurück, während sich in den tieferen Lagen die Moore

---

Hin & Weg: Mit dem Rheinlandbus 85 oder 385 bis Haltestelle Mützenich, Reichensteiner Straße. Die Straße Zum Torfmoor hochgehen und den Schildern zu Kaiser Karls Bettstatt folgen.

Beste Zeit: Ganzjährig.

Dauer & Strecke: 1 Std., 3 km.

Ausrüstung: Vorsicht – im Winter kann es hier glatt werden!

Aussichtsturm in der Nähe von Kaiser Karls Bettstatt (links). Feuchtigkeit und Kälte. Da können Holzstege rutschig werden. Lithalsen, auch Palsen oder Moorauge genannt – diese runden Wasserflächen sind typisch für das Hohe Venn.

des Hohen Venns entwickelten. 500 Millionen Jahre Erdgeschichte, freigelegt von fließender Erde – da liegt der Wacken jetzt vor uns!

Folgt man dem Eifelsteig 500 Meter weiter Richtung Monschau, gelangt man zu einem Aussichtsturm und einem Moorauge, mit wissenschaftlichem Namen: Lithalsen. Diese runden Tümpel sind ebenfalls typisch für das Hohe Venn.

> **FAZIT: FÜR DIE MEISTEN NATURPHÄNOMENE HAT DIE WISSENSCHAFT ERKLÄRUNG PARAT. SPANNEND. MINDESTENS GENAUSO SPANNEND SIND ALLERDINGS DIE GESCHICHTEN, DIE DIE MENSCHEN DAZU ERFUNDEN HABEN.**

WINTER-ZAUBER

⇒ ... Wanderung zum Brackvenn bei Mützenich ⇐

Die Sonne scheint, alles ist wunderbar verschneit, dazu hat sich noch funkelnder Raureif gesellt. Noch schöner kann es nur oben im Hohen Venn sein. Der Schnee-räumdienst in den höheren Lagen der Eifel funktioniert sehr gut – also nichts wie los!

#Raureif #Schnee #Holzstege #Hochmoor

Gut, dass es schon Spuren gibt!
Sie zeigen, wo der Weg liegt

Die Schneedecke ist eine Art Höhenmesser – ansonsten würde man im Auto kaum wahrnehmen, dass es bergauf geht, so schleichend sanft ist die Steigung. Auch die höchsten Erhebungen im Hohen Venn sehen keineswegs wie Berge aus, sondern wie flache Hügel, bedeckt mit ausgedehnten Mooren, die hier Venn genannt werden. Vor der Entwässerung und Bepflanzung mit Fichten dehnte sich das Hohe Venn über weite Flächen der nordwestlichen Eifel und der Ardennen aus. Das Brackvenn ist ein besonders schöner und gut erhaltener Teil des Hohen Venns.

Das Auto bleibt auf dem Parkplatz Grenzweg an der N67, die das Brackvenn in zwei Teile trennt. Für den Rundweg geht es zunächst über die Straße, dann schlägt man den Weg nach rechts ein. Glücklicherweise gibt es Spuren im Schnee, sonst wäre es wohl schwierig, den Pfad oder den Steg zu erkennen. Dass es unter der glitzernden Schneedecke ziemlich feucht ist, merken Wanderer spätestens, wenn sie mal daneben treten oder abrutschen.

Der frische Schnee lädt zum Spurenlesen ein. Bei Kaninchenspuren klappt es schon ganz gut

Der Schnee an den Baumstämmen zeigt es: Der Schneesturm kam von Westen. Daneben: Besonders schön ist auch die Kombination von Raureif und Schnee.

und richtig süß sind die Mäusespuren rund um Grashalme, an deren Spitzen noch winzige Samen hängen. Der Weg führt zu einem anderen Parkplatz (Nahtsief) und hier überquert man erneut die N67. Jetzt unbedingt darauf achten, ob eine Fahne gehisst ist! Eine rotweiße bedeutet, dass Gefahr des Einschneiens besteht. Dann ist das Betreten dieses Bereichs verboten. (Aktuelle Informationen unter www. hautesfagnes.be/accessibilitede.html).

Kalt, dunkel und dabei unglaublich hübsch – der Winterwald.

Nach wenigen Metern öffnet sich der Blick auf das weite, offene Venn. Ein Moortümpel entpuppt sich als geomorphologisches Phänomen. Überall im Hohen Venn gibt es diese kreisförmigen Vertiefungen (Palsenstrukturen). Frühere fantasievolle Beschreibungen sahen darin Großwildfallen, Krater, Erzgräber, Reste von Pfahlbauten. Heute heißen sie Lithalsen und die Erklärung für ihre Entstehung ist wissenschaftlich fundiert. Hier eine Kurzfassung davon: Durch die Eiszeit entwickelten sich Eislinsen im Boden, dadurch hob dieser sich an und das Erdreich rutschte seitlich ab. Mit dem Ende der Eiszeit schmolzen die Eislinsen, der Boden senkte sich und das entstandene Loch füllte sich mit Wasser. Die seitlich abgerutschte Erde blieb als kleiner Erdwall zurück. Dank der Schautafel vor Ort ist das gut nachvollziehbar. Beim Lithalsen links halten und dann immer der Ausschilderung zum Parkplatz Grenzweg folgen.

Der letzte Teil des Rundwegs verläuft durch einen Fichtenwald. So verschneit hat er alles Düstere verloren und ist einfach nur ein Winterwald wie aus dem Bilderbuch. Sobald Wolken aufziehen, wird meist auch der Wind schärfer. Das Wetter im Hohen Venn ist extremer als in den Tiefebenen, dafür sind die Stimmungen intensiver.

Jetzt noch eine warme Suppe oder vielleicht ein rustikales Wildgericht? Im Naturzentrum Haus Ternell (www.ternell.be) warten nicht nur leckere Gerichte, sondern auch ein gemütlicher Holzofen. Das Naturzentrum liegt an der N67 Richtung Eupen in fünf Kilometer Entfernung.

FAZIT: WINTERZAUBER. IM HOHEN VENN ENTFALTET ER SEINE VOLLE PRACHT. UND DANACH IST ES ZU HAUSE WIEDER SO HERRLICH WARM UND GEMÜTLICH!

Hin & Weg: Bus 385 bis Haltestelle/Parkplatz Nahtsief. Einkehrmöglichkeit im Naturzentrum Haus Ternell, Monschauer Str. Ternell 2 Eupen, Belgien, www.ternell.be

Beste Zeit: Dezember–Februar (bei Schnee), Mai (Frühling zum Nachholen), August–Oktober (Heideblüte).

Dauer & Strecke: 2,5 Std., 7 km Rundweg (davon ca. 1/3 auf Holzstegen).

Ausrüstung: Wanderschuhe, wetterfeste Kleidung.

2. KAPITEL
AUSFLÜGE

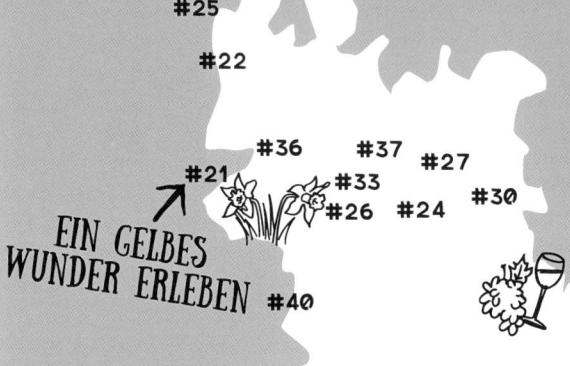

#25

#22

#36 #37 #27

#21 #33

#26 #24 #30

EIN GELBES WUNDER ERLEBEN

#40

DIE EIFEL KANN AUCH MEDITERRAN

#35

#28

#34

#23 #32

#29

#31 #38 #39

FLUSSABENTEUER

Raus für einen Tag

Lust auf Neues? Sportlich aktiv die Gegend erkunden oder lieber ganz entspannt die Stille eines Tals genießen? Für alle Wünsche und Bedürfnisse ist hier etwas dabei.

12 H

SO GELB, SO SCHÖN, SO VIELE!

‑> ... die Eifel-Narzissen im Perlenbachtal <‑

#21

Im April in die Eifel? Da ist doch noch alles braun und grau! Stimmt. Mit einer großen Ausnahme. Und die ist so bemerkenswert, dass von Ende März bis Mitte April ein abgelegenes, einsames Gebiet bei Monschau-Höfen zu einer blühenden Attraktion wird.

Kurzer Abstecher
zum Sprengbunker
im Fuhrtsbachtal

Optimaler Ausgangspunkt für die Narzissen-
wanderung ist das Nationalpark-Tor in Höfen. Hier gibt es auch eine Ausstellung zum
Thema Narzissen, aber zuerst geht's auf zum
Original. Dazu folgen Wanderer dem Wild-
katzenlogo durch das Rurtal und weiter ins
Fuhrtsbachtal. Unten im Bachtal leuchten die
ersten Narzissen, doch das ist erst ein Vorge-
schmack. Ein kurzer und lohnender Abstecher
führt nach links zum Sprengbunker, der im
Zweiten Weltkrieg Teil des Westwalls war und
nach Kriegsende noch jahrelang zum Spren-

gen von Kriegsmunition verwendet wurde. Ab
dieser Stelle geht es weiter auf dem Weg mit
dem Narzissensymbol. Bald schon erreicht
man eine Wiese mit Ruhebänken und Schildern, die darauf hinweisen, dass die Vorbei-
kommenden bitte keine Narzissen pflücken
und auf den Wegen bleiben sollen. Allerdings
ist es den Narzissen hier oben jetzt noch zu
kalt und nur vereinzelte lassen sich blicken.

Umso größer ist dann die Freude, wenn sie
sich schließlich im Perlenbachtal zeigen. Die

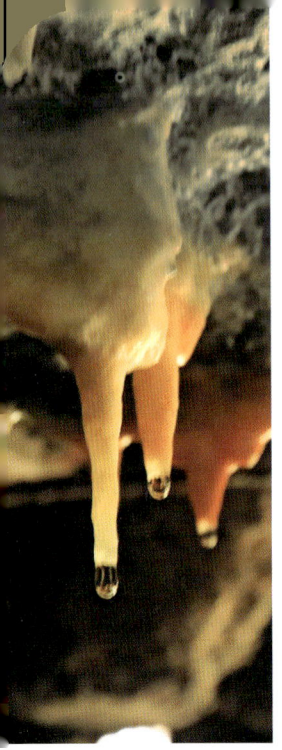

vielen Narzissen stehen so groß und gelb in der Wiese, dass es keinen Zweifel mehr daran gibt: Der Frühling beginnt! Einst war dieses Tal berühmt für Flussperlmuscheln, die nur von einem bestellten Perlfischer beerntet werden durften. Zur Abschreckung für Wilderer gab es im Tal den »Galgenberg«. Das lässt ahnen, wie begehrt diese Perlen früher waren. Nachdem die Muscheln fast ausgerottet waren, erlosch das Interesse am gesamten Tal. Nur die Wiesenauen wurden im Sommer einmal gemäht. Und genau diese Art der Bewirtschaftung war für das Gedeihen der Narzissen ideal.

Als sich in den 1950er-Jahren die Mahd nicht mehr lohnte, bepflanzte man die Talauen mit Fichten. Narzissen aber brauchen Licht im Frühling und keine dunklen Fichtenwälder. So brachte die neue Nutzung die Pracht fast zum Verschwinden. Ab den 1980er-Jahren kaufte die Nordrhein-Westfalen-Stiftung mehr als 60 Hektar Land auf und kümmert sich seither zusammen mit anderen Organisationen um den Erhalt der gelben Schönheiten. Die offene Auenlandschaft ist über weite Strecken

Hin & Weg: Mit den Linien 84 oder 815 bis Haltestelle Höfen-Kirche. 150m zum Startpunkt/Parkplatz: Nationalpark-Tor Monschau-Höfen, Hauptstraße 72, mehr Infos zum Nationalpark-Tor auf www.nationalpark-eifel.de.

Beste Zeit: Ende März–Anfang April (zur Narzissenblüte). Infos auf www.monschau.de; Auskunft zur Blütezeit auch direkt im Nationalpark-Tor unter Tel. 02472 8025079.

Dauer & Strecke: 3,5 Std., 14 km. Mit Fotografierpausen, Besuch des Nationalpark-Tors oder Heckenwegs ein Tagesausflug.

Ausrüstung: Festes Schuhwerk.

Die Narzissen brauchen im Frühling viel Licht, um zu gedeihen. Deshalb findet man sie nur auf Wiesen oder in den noch lichten Laubwäldern. Links: Innenansichten des Sprengbunkers. An der Decke bilden sich bereits Tropfsteine.

wiederhergestellt und das gelbe Blütenmeer wird von Jahr zu Jahr schöner.

Wieder zurück beim Nationalpark-Tor lohnt sich ein kurzer Rundgang durch den hübschen Ort, der vor allem für seine unglaublich hohen Haushecken berühmt ist. Es scheint, als gäbe es einen Wettbewerb im Motto »Wer hat die höchste?«. Doch die Hecken machen auch Sinn, da sie vor den rauen Winden auf der Hochfläche schützen. Hübsch von außen und

innen voll mit Gegenständen aus der guten alten Zeit ist das reetgedeckte Café Altes Eifelhaus, das 1650 erbaut wurde. Zu finden ist es in der Hauptstraße 96 (www.altes-eifelhaus.de).

FAZIT: DAS SCHAUSPIEL DIESER ÜPPIGEN BLÜTE IST EINMALIG IN DEUTSCHLAND. WER DIE NARZISSENBLÜTE NOCH NIE GESEHEN HAT, KENNT DIE EIFEL NICHT WIRKLICH.

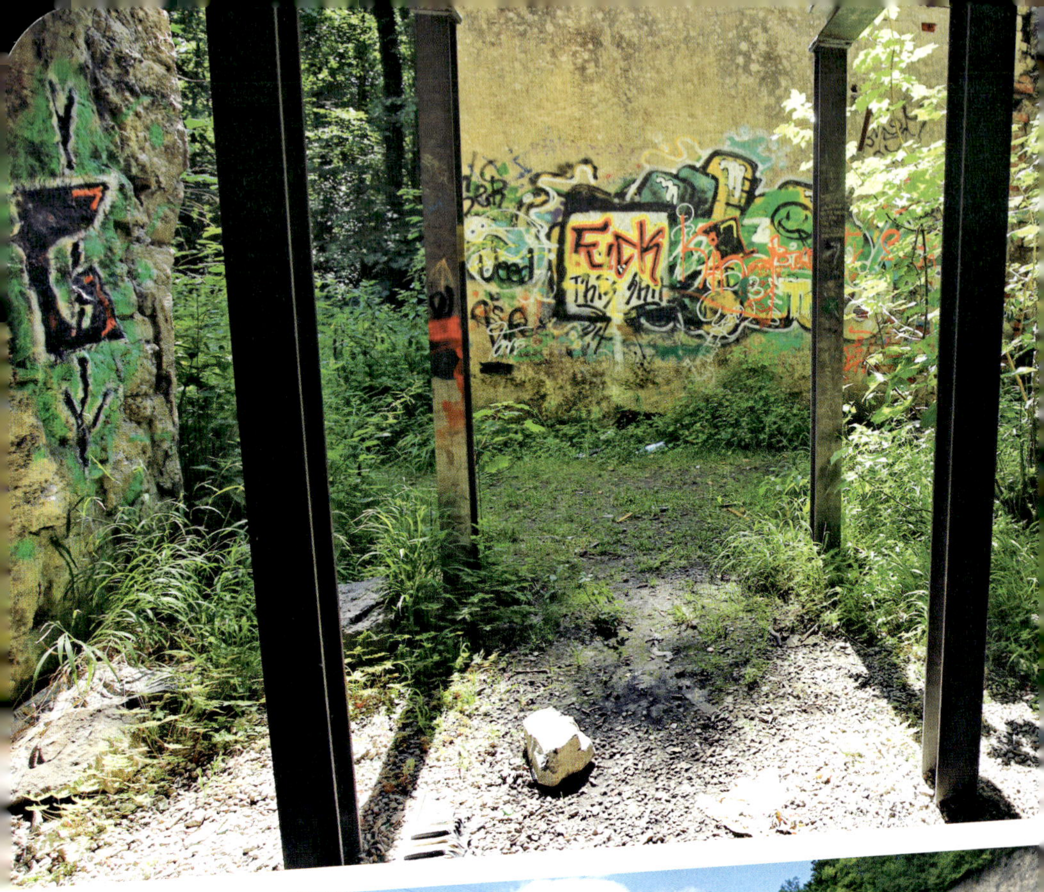
FUCK

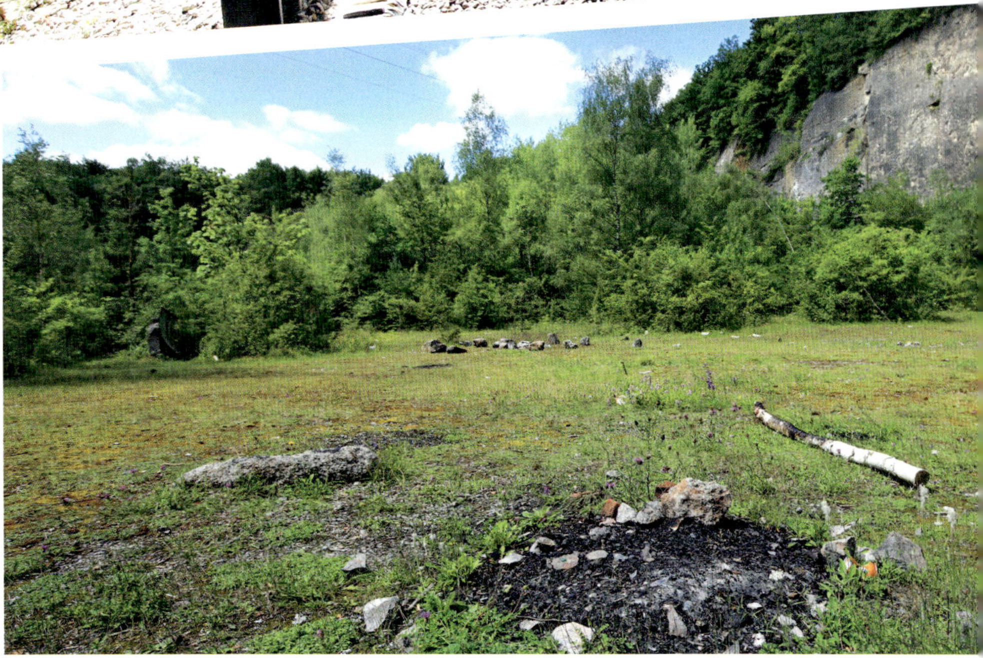

FÜR JEDEN ETWAS

≥ ... im Steinbruchgelände von Walheim ≤

#22

Duftende Kräuter und seltene Pflanzen, Lost Places und Freizeitspaß – wo findet man das alles an einer Stelle? Na hier: in einem großen Steinbruchgebiet zwischen Walheim und Hahn, südlich von Aachen.

neinblicken kann. Besonders interessant wird es, wenn man auf einer schmalen Treppe am Ende des Kalkofenareals nach unten abzweigt – erst dann wird deutlich, wie wuchtig diese Zeugnisse einer vergangenen Zeit sind. Wer hier ein wenig in der Umgebung umherstreift, entdeckt ein Flüsschen: die Inde.

Wieder oben angekommen, führt der Weg am oberen Rand eines großen Steinbruchs entlang. Bei der nächsten Verzweigung geht es nach links und bald befindet man sich mitten in diesem Steinbruchgelände. Hier ist es warm, windstill und es duftet wunderbar nach Feldthymian, der hier hübsche lila Pölsterchen bildet. Der Boden im Steinbruch ist sehr karg und deshalb genau richtig für viele Überlebenskünstler der Pflanzenwelt. Warum wirken ausgerechnet Industriebrachen wie dieser Steinbruch so wildromantisch? Nach der Stilllegung des Steinbruchs wurde das Gebiet im Wesentlichen sich selbst überlassen und die Natur hat es zurückerobert.

Zurück an der alten Wegkreuzung, geht es weiter auf dem Eifelsteig nach Kornelimünster. Im historischen Ortskern wurde viel Blaustein aus den Walheimer Steinbrüchen

Es war einmal ein besonderer Stein. Berühmt, begehrt und dann restlos abgebaut. Auch die weniger wertvollen Steine wurden schließlich noch vor Ort zu Branntkalk verarbeitet. Zurück blieb: ein Loch mit Industrieruinen. Was sollte mit dem ehemaligen Abbaugebiet für Blaustein geschehen? Dank verschiedener Initiativen entstand daraus ein sehr interessantes und abwechslungsreiches Gelände. Sowohl für Leute, die einfach ihre Freizeit genießen wollen, für Naturfreunde, Technik-Begeisterte und auch für solche, die den morbiden Charme verlassener Industriebauten lieben.

Am Ende vom Parkplatz des Freizeitgeländes zweigt links ein Weg mit der Markierung Eifelsteig/Kalkofenweg ab. Bereits nach 150 Metern erreicht man einen Bereich mit mehreren stillgelegten Kalköfen, in die man von oben hi-

Hin & Weg: Start am Parkplatz vor dem Freizeitgelände, Schleidener Straße 181, Aachen-Walheim. Buslinien 66, SB66, 16, 35, 46, N1, 135, Haltestelle Walheim, 400 m Fußweg bis zum Freizeitgelände.

Beste Zeit: Frühling bis Herbst.

Dauer & Strecke: 2,5 Std., 10 km (Rundweg nach Kornelimünster). Mit Einkehr in Kornelimünster ein kurzer Tagesausflug.

Ausrüstung: Festes Schuhwerk, ggf. Ball oder andere Sportutensilien.

Übrigens: Übrigens: Grillhütten können angemietet werden, per Telefon 02408 9850927 oder Mail buchung@fevw.de.

Schön und unheimlich zugleich – die stillgelegten Kalköfen (links). Der ehemalige Steinbruch wird von der Natur zurückerobert.

verbaut. Rund um den Korneliusmarkt gibt es auch viele Cafés und Restaurants. Zurück geht es entweder wieder über den Eifelsteig, den Vennbahnradweg oder mit den Buslinien 66, SB66, 16, 35, 46, N1, 135.

Zum Ausklang der Tour ist die große Liegewiese auf dem weiträumigen Freizeitgelände mit Beachvolleyplatz, Grillhütten, finnischer Grillkota, Minigolf, Abenteuerspielplatz und Picknickstellen bestens geeignet (www.fevw.de).

FAZIT: EINE ABWECHSLUNGSREICHE TOUR, AUF DER SICH JE NACH INTERESSENLAGE VIELE INDIVIDUELLE ERWEITERUNGEN ANBIETEN.

WALD-BADEN

⊰ ... in der Schönecker Schweiz ⊱

#23

Unsere Vorfahren haben Bäume verehrt und manche Wälder waren ihnen heilig. Dass uns Wald gut tut, war irgendwie schon immer klar. Jetzt allerdings gibt es immer mehr wissenschaftliche Beweise dafür und das sogenannte Waldbaden ist ein neuer, interessanter Trend.

Steinerne Riesen auf der Route 2 der Prümer-Land-Tour: die Klufthöhle und der Felsen Jungfrauley.

Ein Baum kann bis zu 200 Liter Wasser pro Tag verdunsten und gibt dabei unzählige ätherische Öle an die Luft ab. Auf diese Weise kommunizieren die Bäume. Waldesruh? Aus Sicht der Bäume ist ein Wald ein Hotspot der Kommunikation! Viele der Botenstoffe wurden inzwischen identifiziert. Doch was sie in der Sprache der Bäume bedeuten und warum sie auch auf den Menschen wirken, wird erst seit wenigen Jahren untersucht. Immerhin konnte dies nachgewiesen werden: Wer sich im Wald aufhält, senkt seinen Blutdruck, reduziert Stresshormone und stärkt die Immunabwehr. In Japan ist Shinrin Yoku, also Waldbaden, seit Jahren eine Therapieform.

Was unterscheidet nun aber das Waldbaden von einer Wanderung durch den Wald? Auf einer Runde durch die Schönecker Schweiz lässt sich das gut testen. Die Forststraße hat den Vorteil, dass Wanderer nicht auf Baumwurzeln und Steine achten müssen und sich ganz auf das Hören, Sehen und Riechen konzentrieren können. Sich Zeit lassen und gelegentlich stehen bleiben gehören ebenfalls dazu. Beim Felsen Jungfrauley gibt es eine Schutzhütte, in der man auch mal gut die Augen schließen kann, um die nahen und fernen Geräusche besser wahrzunehmen. Es gibt auch einen anderen, sehr interessanten Weg: Gedanken ausklingen lassen, Empfindungen nicht durch Konzentration fixieren, sondern zulassen, dass sie kommen und gehen. Das ist die Meditationspraxis, die in ihrem Kern auf Leere abzielt. Erstaunlicherweise intensiviert diese Methode die Wahrnehmung besonders stark. Der Wanderweg führt weiter den Schalkenbach entlang. Das Rauschen der Bäume und das leise Plätschern des Bachs ergänzen sich zu einer sanften Geräuschkulisse. Offenbar enthält die Waldluft auch viele Stoffe, die positiv auf das Immunsystem wirken, ohne dass man sie direkt wahrnehmen kann.

Auf einem Wiesenstück kann der Wind den Körper umstreichen. Dann zweigt ein Pfad nach links ab und führt in einen märchenhaften Buchenwald. Moospolster bedecken wuchtige Felsblöcke, die wie ausgestreut auf dem Boden liegen. Das Moos fühlt sich wunderbar weich und kühl an. Das Sonnenlicht fällt an wenigen Stellen durch das dichte Laubdach. Nur schattenliebende Pflanzen wie Moose und Farne können hier gedeihen. Richtig düster wird es in der hohen, aber schmalen Klufthöhle. Wie riecht eine Handvoll Walderde von hier? Zum Abschluss bietet sich von der Burgruine aus ein genussvoller Weitblick über Wälder, Wiesen und das Dorf Schönecken.

Erlenzweige im Gegenlicht.

Hin & Weg: Parkplatz bei Lindenstraße 6A, Schönecken. Ausschilderung Rundweg 2 »Prümer Land Route«, mit Abkürzung quer rüber zur Altburgstraße.

Beste Zeit: Frühling, Sommer, Herbst.

Dauer & Strecke: Für die 7,5 km sollte man sich mind. einen halben Tag Zeit nehmen.

Ausrüstung: Picknick, leichte Decke zum Drauflegen und Entspannen.

Lesetipp: »Das geheime Leben der Bäume« von Peter Wohlleben.

EIFEL ALPIN

⇒ ... auf dem AhrSteig von Kreuzberg bis Altenahr ⇐

#24

Das Attribut »wild« wird wenigen Gebieten in der Eifel so wirklich gerecht, für die AhrSteig-Strecke zwischen Kreuzberg und Altenahr gilt dies aber schon: ein Felsenpfad, wie man ihn in der Eifel kaum vermutet, Panoramablicke auf Weinberge und die markante Ruine der Burg Are. Da heißt es: Wanderstiefel einpacken!

#Felsenpfad #Weinberge #BurgAre #romantisch #wild

Kleine Herausforderungen: Für den Abstecher zum Teufelsloch sollte man schwindelfrei und für den Felsenpfad trittsicher sein.

In Kreuzberg nimmt der Weinanbau an den Steilhängen des Ahrtals seinen Anfang. Der AhrSteig verläuft auf der schattigeren Seite des Tals und durch eine sehr markante Felsenlandschaft. Vom Bahnhof in Kreuzberg führt ein ausgeschildeter Zubringer auf den AhrSteig. Auf die Brücke über die Ahr folgt ein Bahnübergang und unmittelbar danach zweigt ein schmaler Waldpfad nach rechts ab. Vorbei an ehemaligen Weinbergen und schönen Aussichtspunkten wird es dann ab Altenburg richtig alpin.

Ein Abstecher nach rechts ist leicht zu übersehen. Das Teufelsloch ist zwar ausgeschildert, aber auf Kopfhöhe und nach rechts hinten zeigend. Wer an einen Aussichtspunkt mit

Picknickbank (die leider immer besetzt ist) gelangt, hat die Abzweigung schon verpasst. Einfach wieder ein paar Meter zurückgehen, es lohnt sich! Das Teufelsloch ist tatsächlich ein richtiges Loch im Felsen, von dem aus man auf beiden Seiten ins Ahrtal hinunterschauen kann. Ein Blick auf die Landkarte zeigt, dass die Ahr sich hier auf bemerkenswerte Weise durch die Felsenlandschaft windet.

Das Rätsel um das unnatürlich wirkende Loch – das der Legende nach mal wieder irgendwie mit dem Teufel und seiner Großmutter zu tun hat – löst sich mit folgender Erklärung zumindest teilweise auf: Das ursprüngliche Loch stürzte in den 1930er-Jahren aufgrund von Verwitterung ein. Da man nur ungern auf die Touristenattraktion verzichten wollte, wurde an geeigneter Stelle eben ein neues Loch gesprengt. Die Aussicht von hier ist auf jeden Fall fantastisch.

Wer echte Pfade mit Wurzeltreppen liebt und auch in natürlichen Steinen Treppen erkennen kann, ist hier goldrichtig! Trittsicher und ein wenig schwindelfrei sollte man aber schon sein. Klettern ist nicht notwendig. Allerdings finden sich im Internet GPS-Tracks für einen Rundweg Altenburg – Teufelsley – Altenahr – Burg Are – Engelsley – Altenburg. Ab Burg Are ist diese Strecke ausschließlich für erfahrene Kletterer (!) geeignet. Es mussten dort schon oft Leute mit dem Hubschrauber gerettet werden. Ein Unterfangen, das bei den Steilhängen auch für den Rettungsdienst nicht einfach ist. Deshalb hat sich die regionale Verwaltung dazu entschlossen, diesen Weg nicht zu markieren.

Unten in Altenahr beeindruckt die 80 Meter hohe Felswand der Engelsley, die im engen Tal senkrecht nach oben ragt. Im Ort gibt es reichlich Gelegenheiten einzukehren. Hier trennt sich der Weg vom AhrSteig und zum Abschluss der Tour empfiehlt sich noch ein kurzer, aber steiler Aufstieg zur Burg Are. Die Burgruine thront auf einem Felsen über Altenahr und bietet eine großartige Rundumsicht auf den Ort und die Weinberge. Zurück in Altenahr kann man den Zug zum Ausgangspunkt nach Kreuzberg nehmen oder direkt die Heimreise antreten.

Wer weiterlaufen möchte: Der gesamte AhrSteig führt auf 100 Kilometern von Blankenheim nach Sinzig. Eine Beschreibung der einzelnen Etappen des Ahrsteigs zur Vorbereitung gibt's unter www.ahrsteig.de

FAZIT: ÜBERRASCHENDE AUSSICHTSPUNKTE, WILDE FELSEN – MIT ETWAS TRITTSICHERHEIT UND RUTSCHFESTEN WANDERSCHUHEN WIRD DIESER ABWECHSLUNGSREICHE PFAD ZU EINEM HERAUSRAGENDEN ERLEBNIS.

Hin & Weg: Start der Wanderung ab Bahnhof Altenahr-Kreuzberg. Die Ahrtalbahn wurde durch die Flut von 2021 stark beschädigt und wird voraussichtlich ab 2025 wieder fahren. Aktuelle Infos finden Sie unter www.ahrstrecke.de. Der Wanderweg selbst ist von der Flut nicht betroffen! Wegmarkierung bis Altenahr: Ahrsteig-Symbol, danach Ausschilderung zur Burg Are.

Beste Zeit: Frühling (die Bäume erlauben noch viel Durchblick), Sommer, Herbst.

Dauer & Strecke: Etwa 2 Std. (ohne Aufstieg zur Burg; inkl. Einkehr in Altenahr, Panorama genießen und Rückfahrt mit dem Zug ein Tagesausflug), 6 km, bergauf und bergab.

Ausrüstung: Wanderschuhe.

AUF RÄDERN UND ROLLEN

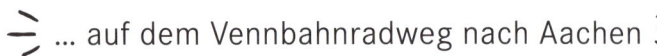 ... auf dem Vennbahnradweg nach Aachen

25

Der Vennbahnradweg ist mit seinen insgesamt 130 Kilometern eine Herausforderung für sportliche Radfahrer, aber auch für Genießer geeignet, die nur eine Teilstrecke machen möchten. Auch Skater, Rollstuhlfahrer und Fußgänger sind willkommen.

#Aachen #Kalterherberg #einfachlosradeln #Radsport #Knotenpunktsystem

Dank der perfekten Teerdecke ideal für alles was rollt ... nur die Züge rollen nicht mehr. Auch wenn an manchen Stellen die Gleise noch erhalten sind.

8.45 Uhr, Aachen-Bushof. Abfahrt mit dem Fahrradbus nach Kalterherberg zum Vennbahnradweg. Auf der Himmelsleiter südlich von Aachen geht es steil bergauf und die meisten, die im Bus sitzen, möchten diese Steigung lieber als Gefälle fahren.

Am alten Bahnhof von Kalterherberg bietet sich noch die Chance, mit einer leckeren Waffel Kalorien zu tanken. Denn zunächst einmal geht es kaum merklich, aber stetig 15 Kilo-

meter bergauf. Die Wegränder sind frisch gemäht und duften nach Heu und Kräutern. Das Gezwitscher der Vögel klingt wunderbar und wird von keinem Autolärm gestört. Bis auf ganz kurze Abschnitte bei der Durchquerung von Ortschaften verläuft die Strecke fernab von Straßen.

Ab Kalterherberg sind es 56 Kilometer bis Aachen mit maximal zwei Prozent Steigung oder Gefälle. Der Radweg ist außergewöhnlich gut

büsch oder auf Abstellgleisen und sind mit Graffiti überzogen.

Die Eisenbahnstrecke verband seit dem Ende des 19. Jahrhunderts die Kohlereviere bei Aachen mit den Hüttenwerken in Lothringen und Luxemburg. Die Zeiten änderten sich und zuletzt wurde die Strecke nur noch für touristische Sonderfahrten genutzt.

Die Idee für ein eigenständiges Netz der »langsamen Wege« wurde in der Wallonischen Region Belgiens entwickelt. Stillgelegte Bahntrassen bilden heute die Basis für ein Wegenetz, das in Belgien und den angrenzenden Regionen den Namen RAVeL trägt. Das ist die Abkürzung von »Réseau Autonome des Voies Lentes«, auf Deutsch autonomes Netz der langsamen Wege.

Es lag nahe, die stillgelegte Vennbahnstrecke an dieses Radnetz anzubinden. Seit 2013 ist der Vennbahnradweg (RAVeL Linie 48) fertiggestellt und erfreut sich größter Beliebtheit. Er hat eine Gesamtlänge von 130 Kilometern und ist zu 90 Prozent asphaltiert, der Rest ist mit Schotter belegt.

Noch etwas sehr Praktisches haben die Belgier erfunden: das Knotenpunktleitsystem.

ausgebaut, an allen Zwischenstationen gibt es Informationstafeln zu so ziemlich allem, was von Belang sein könnte: Sehenswürdigkeiten, Gaststätten und Unterkünfte in der Umgebung, Anschluss an andere Radwege und mehr.

Von Lammersdorf bis Aachen geht es konstant leicht bergab. Das Fahrrad rollt dann fast von alleine, sodass die gesamte Strecke auch mit wenig Training zu bewältigen ist. Zwischendurch tut es allerdings sehr gut, den Fahrradsitz gegen einen Stuhl einzutauschen. Einige ehemalige Bahnhöfe sind inzwischen beliebte Restaurants oder Cafés, wie die Kaffeefee in Roetgen oder die Bahnhofsvision in Kornelimünster. Ein Stopp lohnt sich auch beim früheren Bahnhof von Raeren. Alte Lokomotiven und Waggons schlummern im Ge-

Hin & Weg: Mit dem Fahrradbus ab Aachen Bushof bis Haltestelle Kalterherberg Bahnhof (sonn- und feiertags, avv.de/de/fahrradbus). Zurück dem Vennbahnradweg (RAVeL 48) nach Aachen folgen.

Beste Zeit: Frühling, Sommer, Herbst. Aktuelle Infos unter www.vennbahn.eu

Dauer & Strecke: Mit Busanreise und längerer Pause (z. B. in Monschau) ein Tagesausflug, Kalterherberg-Aachen 56 km.

Ausrüstung: Fahrrad, E-Bike, Skateboard …, je nach Wetter Sonnen- oder Regenschutz.

Etwas abseits des Vennbahnradwegs liegt Monschau im Tal der Rur. Alte Fachwerkhäuser, schmale Gassen: Der Ort wird zu Recht »Perle der Eifel« genannt.

An relevanten Kreuzungen des Vennbahnradwegs gibt es Infotafeln mit nummerierten Knotenpunkten. Sie erleichtern die Orientierung und reduzieren die notwendige Vorausplanung auf ein Minimum.

Tipp: Empfehlenswerte Abstecher von der Vennbahn sind Monschau (ein Städtchen wie aus dem Märchen) und Kornelimünster (historischer Ortskern).

FAZIT: EINFACH MAL LOSRADELN IST HIER SEHR LEICHT! SPORTLICHE FAHRER GENIEßEN ES, ZÜGIG DURCHRADELN ZU KÖNNEN, ANDERE SCHÄTZEN DIE GERINGE STEIGUNG, DIE RUHIGE STRECKENFÜHRUNG FERN DER AUTOSTRAßEN.

DIE PRÄRIE DER EIFEL

 ... Wanderung auf der Dreiborner Hochfläche

#26 Die ideale Landschaft, um den Blick entspannt in die Ferne schweifen zu lassen, um die Weite zu genießen. Ein besonderes Highlight ist die Ginsterblüte von Ende Mai bis Mitte Juni. Dann lässt das »Eifelgold« die Dreiborner Hochfläche erstrahlen.

#Eifelgold #Fernblick #Ginsterblüte #röhrendeHirsche

Er lässt das Herz der Wanderer höher schlagen: blühender Ginster.

Weite Wälder, Hügel mit saftigen Wiesen, ein wenig Ackerbau, das Hohe Venn – so kennt man die Eifel. Wie kam es dann zu dieser kargen Graslandschaft hier? Es fehlen eigentlich nur noch die Büffel, um das Bild von einer Prärie abzurunden.

Es ist noch gar nicht so lange her, dass sich der Wandel in der Landschaft vollzog. Das ge-schah 1946, mit dem Beginn der Nutzung der Dreiborner Hochfläche als Truppenübungs-platz. Fortan gab es keinerlei Düngung mehr, um die kargen Wiesen fruchtbar zu machen. Zusätzlich verdichteten schwere Panzerfahr-zeuge den Boden. Als 2006 die militärische Nutzung endete, blieb eine interessante und steppenartige Landschaft zurück, aber auch ein Problem: Altlasten aus dem 2. Weltkrieg

Das frisch gebackene Sauerteigbrot aus dem Holzbackofen gibt es in Erkensruhr.

und aus der Zeit als Truppenübungsplatz. Deshalb müssen Wanderer auch auf den festgelegten Routen bleiben.

Kurz nach dem Wanderparkplatz Dreiborn öffnet sich plötzlich der Blick auf die »Dreiborner Prärie«. Und ja, das Timing ist perfekt – der Ginster blüht! Hier auf der Hochfläche ist es etwa zwei Wochen später als in den wärmeren Lagen der Eifel so weit. Wenn dann noch die Sonne zwischen den Wolken hindurchscheint und einzelne Büsche zum Leuchten bringt, dann ist das wieder so ein Moment von perfektem Eifelglück.

Zunächst geht es geradeaus weiter; dann, nach einem Kilometer der Ausschilderung Richtung Erkensruhr folgen. Das bewaldete Tal der Erkensruhr hat einen so völlig anderen

Charakter als die Hochebene! Im gleichnamigen Ort unten im Tal gibt es an der Straße (auch Erkensruhr) bei Hausnummer 19 ein Häuschen mit Holzbackofen: Et Backes. Jeden ersten Samstag im Monat wird dort ab 10.30 Uhr frisches, wunderbar duftendes Steinofenbrot verkauft (www.erkensruhr.de). Zurück geht es über den Schöpfungspfad. 200 Meter nach der Pfad-Station 8 bei einer Verzweigung weiter geradeaus Richtung Dreiborn gehen.

Hier lässt sich sehr gut erkennen, wie sich die Landschaft ohne menschliche Eingriffe weiterentwickeln würde. Ohne Düngung und ohne die alles platt walzenden Panzer breitet sich zunächst der Ginster aus, dann folgen Weißdorn und Schlehen. Sie verschmelzen schließlich zu einem undurchdringlichen Gestrüpp. Büffel könnten diese Entwicklung stoppen. Vielleicht übernehmen aber auch die einheimischen Hirsche den Part? Und genau deshalb wurde beschlossen, dass Hirsche hier nicht gejagt werden dürfen – was eine weitere Attraktion zur Folge hatte. Die scheuen Tiere haben schnell gemerkt, dass sie hier nichts zu befürchten haben. Von der Rothirsch-Aussichtsempore aus kann man sie oft auch tagsüber beobachten. Im September

Hin & Weg: Buslinien 815 und 831 bis Haltestelle Dreiborn Feuerwehr, Schleiden. 800 m zum Start am Wanderparkplatz Dreiborner Hochfläche, Thol, Dreiborn. Infotafel am Parkplatz mit Flyer zum Mitnehmen.

Beste Zeit: Entweder Ende Mai/Anfang Juni (zur Ginsterblüte) oder September/Oktober (der Hirsche wegen).

Dauer & Strecke: 4 Std., 12 km.

Ausrüstung: Festes Schuhwerk. Picknick mitnehmen! Es gibt keine Einkehrmöglichkeit unterwegs.

Der Schöpfungspfad im bewaldeten Tal der Erkensruhr.

und Oktober ist Brautschau angesagt und die männlichen Hirsche röhren um die Wette. Das ist dann wohl kilometerweit über die Hochfläche zu hören. 2017 wurden auf der Hochfläche übrigens zum ersten Mal Gänsegeier gesichtet.

Noch etwas anderes, Besonderes und Seltenes ist im Frühling zu hören: das Tirilieren der Lerchen. Es klingt so, wie es heißt. Wirklich.

FAZIT: AUF DER DREIBORNER HOCHFLÄCHE ZEIGT DER NATIONALPARK EIFEL EIN GANZ ANDERES GESICHT ALS IM DICHT BEWALDETEN KERMETER. DIE LANDSCHAFT HIER ÖFFNET DEN BLICK UND DEN GEIST FÜR DAS GROßE GANZE.

MIT STOCK ÜBER STEIN

>- ... Nordic Walking bei Mechernich -<

#27

Mal was Neues ausprobieren, dabei an der frischen Luft sein in einer schönen und abwechslungsreichen Umgebung, sportlich aktiv und dabei die Gelenke schonen, Stress abbauen ... Für all das gibt es eine ganz wunderbare Lösung: Nordic Walking in der Eifel!

Auch bei schwierigem Gelände können Stöcke hilfreich sein. Garten in Eicks (links). Schloss Eicks, ein spätbarockes Wasserschloss (rechts).

Für absolute Anfänger ist es gut, bei der ersten Runde jemanden dabeizuhaben, der bereits etwas Erfahrung hat. Zu Anfang empfiehlt sich diese Übung: den Stock beim Gehen hinter sich her schleifen. Zügig gehen und geradeaus schauen. Dann Oberkörper und Schultern entspannen – so beginnen die Arme auf natürliche Weise locker mitzuschwingen. Ganz wichtig: nicht nachdenken. Die Bewegung entstehen lassen.

Inzwischen hat der Weg aus dem Wald heraus in eine offene Feld- und Wiesenlandschaft geführt, ein leichter Wind weht und die Temperatur ist ideal. Jetzt kommt noch etwas Neues bei der Bewegung dazu. Wenn der Arm vorne ist, die Hand um den Stockgriff schließen. Schwingt der Arm nach hinten, die Hand öffnen. Der Stock bleibt dann durch die Schlaufe

mit der Hand verbunden. So gibt es immer wieder eine kurze Phase des Lockerlassens.

Nach den wunderschönen Weingartener Höfen geht es weiter zum Wasserschloss Eicks und zu einer Marienkapelle im Wald. Hier wird den Walkern zum ersten Mal klar, dass sie auf einem speziellen Themenweg sind, denn auf einer Tafel gibt es Anleitungen für Dehnübungen speziell für diese Sportart. Wenn der Weg sehr nass und matschig wird, erweisen sich die Stöcke übrigens auch als praktisches Hilfsmittel, um die beste Passage zu finden.

Rund um Mechernich sind sechs Nordic-Walking-Touren unterschiedlicher Länge und verschiedener Schwierigkeitsgrade ausgeschildert, mehr Infos unter www.mechernich.de/tourismus-freizeit/sport-und-erholung/wan

dern-walken/nordic-walking. Am Startpunkt der Touren gibt es jeweils einen Parkplatz und einen Wegeplan.

> **FAZIT: SOBALD DER BEWEGUNGSABLAUF VERINNERLICHT IST, UNBESCHWERT DIE LANDSCHAFT GENIESSEN. DAZU KOMMT DAS GUTE GEFÜHL, ETWAS FÜR DIE GE-SUNDHEIT ZU TUN.**

Hin & Weg: Die vorgeschlagene Route heißt Kreissparkasse Euskirchen-Route und beginnt am Wanderparkplatz VIA Mansio, Eickser Straße, bei Mechernich-Eicks.

Beste Zeit: Immer.

Dauer/Strecke: mind. 1,5 Std., 4,8 km (leichte Tour). Je nach Fitnesslevel und Route auch länger.

Ausrüstung: Nordic-Walking-Stöcke, Sportschuhe.

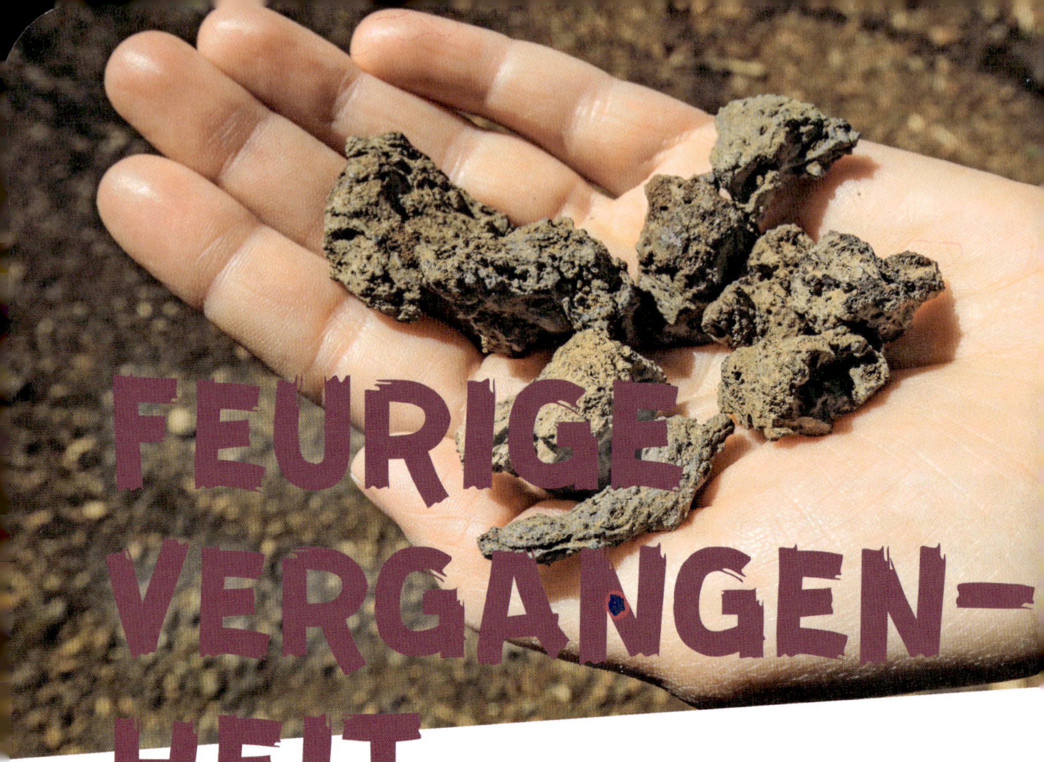

FEURIGE VERGANGENHEIT

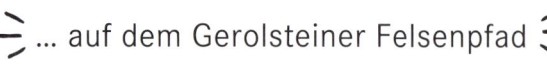

… auf dem Gerolsteiner Felsenpfad

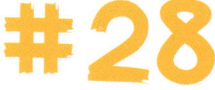

#28 *Bei Gerolstein war die Eifel keineswegs immer so friedlich und idyllisch wie heute. Glühende Lavafetzen flogen durch die Luft und Lavaströme ergossen sich hinunter ins Tal. Alles Vergangenheit? Nicht ganz!*

#Vulkan #HotSpot #klettern #Höhlen #WunderderNatur

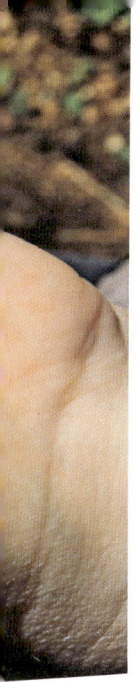

Scharfkantige Schlackenfetzen aus der Hageskaule (links). Die Buchenlochhöhle ist über eine Leiter erreichbar und ca. 30 Meter lang.

Wer in die Vergangenheit hinabschauen will, muss erst einmal bergauf gehen. Der Weg zum vulkanischen Erbe der Eifel ist ausgeschildert und nennt sich Felsenpfad. Eine ungefähr acht Kilometer lange, landschaftlich abwechslungsreiche Strecke, gespickt mit ein paar wirklich schönen Etappenzielen, wie zum Beispiel dem Aussichtspunkt oben auf der Munterley. Was liegt hier näher, als eine erste kleine Verschnaufpause einzulegen und den herrlichen Ausblick zu genießen? Gestärkt geht es dann weiter zur Buchenlochhöhle. In

die 30 Meter tiefe Höhle kann, wer eine Taschenlampe dabei- und stabile, rutschfeste Schuhe an den Füßen hat, sogar ein Stück weit hineingehen.

Bis hierher beherrschte das sehr poröse, kalkhaltige Dolomitgestein die Szenerie. Doch nun, an der Hageskaule, wird plötzlich ein ganz anderes Gestein sichtbar. Es verdankt sich dem Umstand, dass vor etwa 10 000 Jahren eine vulkanisch aktive Zone quer durch das poröse Dolomitgestein verlief. Der Vul-

kan, der sich dabei bildete, schleuderte bei Explosionen glühende Lava durch die Luft. In der Kälte erstarrte sie zu glasartigen, scharfkantigen Schlackefetzen – sichtbar in der Hageskaule am Wegrand. Die talwärts fließende Lava suchte sich einen überraschenden Weg: Sie floss unterirdisch ab durch die Höhlen des Dolomitgesteins und trat in 300 Meter Entfernung in der Nähe der Hageskaule an die Oberfläche. Von da aus ergoss sich der glühende Strom hinunter ins Tal.

Der Vulkan selbst, die Papenkaule, liegt etwas abseits vom Felsenpfad. Ein Abstecher führt zum 80 Meter breiten und 20 Meter tiefen Vulkankrater. Für Laien sieht er aus wie eine große, merkwürdige Mulde.

Etwa auf der Hälfte der Strecke taucht links die Kasselburg auf. Dort befindet sich ein großer Adler- und Wolfspark. Vom Felsenpfad führt entlang des Waldrands ein kurzer Weg dorthin. Hier lässt sich das größte (beinahe) freilebende Wolfsrudel Europas erleben. Als Ergänzung zum Felsenpfad definitv ein interessanter Abstecher!

Sind die 350 Vulkankegel, Krater und Maare der Vulkaneifel für immer ruhig? Beileibe nicht. Die Geologen gehen zwar nicht davon aus, dass es in Kürze zu einem neuen Vulkanausbruch kommt, doch es hat sich auf lange Sicht ein Rhythmus der vulkanischen Aktivitäten von 15 000 Jahren ergeben. Das schlummernde vulkanische Potenzial zeigt sich beispielsweise durch emporsprudelnde Gasblasen im Laacher See oder der Ahr und durch kleinste Beben, die nur von äußerst empfindlichen Messgeräten aufgezeichnet werden können.

Aufstieg zur Munterley. Der Kletterfelsen Hustley liegt etwas abseits des ausgeschilderten Felsenpfads.

Hinter dem Vulkankrater geht es auf dem Felsenpfad in Serpentinen bergab. Auf einem nicht ausgeschilderten Pfad nach rechts kommt man zum Kletterfelsen Hustley. Wer nicht nur zugucken, sondern selber klettern möchte – hier gibt es die Gelegenheit dazu! Allerdings muss man sich vorher bei der Tourist-Info am Bahnhof in Gerolstein ein Kletterticket besorgen.

FAZIT: ERSTAUNLICH, WIE AKTIV DIE BESCHÄFTIGUNG MIT (ERD-)GESCHICHTE DOCH SEIN KANN!

Hin & Weg: Start- und Endpunkt des gut ausgeschilderten Felsenpfads ist der Bahnhof, Bahnhofstraße 4, Gerolstein. Zugverbindung: RB22, RE22, RE12, RB24 oder Radbus Vulkaneifel (Linie 77) bis Haltestelle Gerolstein Bahnhof.

Beste Zeit: Frühling, Sommer, Herbst.

Dauer & Strecke: 3,5 Std., 8,2 km. Mit Adler- und Wolfspark oder Klettern ein Tagesausflug.

Ausrüstung: Taschenlampe für die Buchenlochhöhle, rutschfeste Schuhe.

FLEIßIG IST HIER NUR DER BIBER

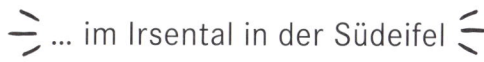

≥ ... im Irsental in der Südeifel ≤

#29

Im friedlichen Tal windet sich ein Bach durch die Wiesenauen und unzählige Schmetterlinge flattern über den Blumen am Wegesrand. Wer sich nach Ruhe und Idylle sehnt, ist im Irsental genau richtig!

#Idyllepur #Waldesruh #Schmetterlinge #Flussaue #Biber

Kleiner Bach, Blumenwiesen, autofrei – das Irsental ist eine Oase der Stille. Biberdamm. Zitronenfalter (rechts).

Stausee ins Blickfeld und auch ein richtiger Staudamm aus Zweigen ist zu sehen. So gefällt es Familie Biber! Sie ist nach 150 Jahren wieder zurückgekehrt und nun sehr damit beschäftigt, die Landschaft wieder nach ihrem Geschmack umzugestalten. Arbeitszeit bei Bibers: nach Sonnenuntergang bis in den frühen Morgen.

»Tal der 1000 Schmetterlinge« wird das Irsental auch genannt. So viele Schmetterlinge wie hier gibt es wahrscheinlich an keinem anderen Ort der Eifel! Es ist von 550 verschiedenen Arten die Rede. Gerade jetzt flattern viele Zitronenfalter scheinbar ziellos in der Luft und landen dann doch zielgenau auf den lilafarbenen Blüten des Storchschnabels. Offenbar der beste Nektar weit und breit.

Das Gasthaus beim Wanderparkplatz heißt Waldesruh. Ein wunderbar altmodischer Name, der aus einer längst vergangenen Zeit zu stammen scheint. Er verheißt Vogelgezwitscher und sanftes Rauschen, wenn der Wind durch die Blätter streicht. Stimmt genau.

Ein kurzer Zuweg vom Parkplatz führt auf den Irsenpfad, einen Rundweg, der mit dem Blattsymbol des Naturwanderparks delux markiert ist und zu etwa 40 Prozent auf Pfaden verläuft. Diesem Weg nach links folgen. Der erste Abschnitt entspricht all dem, was man von Waldesruh erwartet. Einfach herrlich! Immer wieder gibt der Wald auch einen Blick auf das Tal frei, durch das die Tour führt. In der Nähe eines Gehöfts führt der Weg auf die andere Seite der Irsen und von da am Rand der Talsohle entlang. Nach einer Weile kommt ein kleiner, flacher

Am Ende der Tour wechselt der Weg wieder auf die andere Seite des Tals und führt durch Wald bergauf zurück zum Ausgangspunkt.

Das Irsental liegt im Islek, einer Region der Eifel, die sich auf Deutschland, Luxemburg und Belgien verteilt. Je nach Land heißt sie auch mal Ösling, Éislek oder Eeslek. So international, wie die Landschaft ist, hat sie doch ihren ruhigen und ländlichen Charakter bewahrt. Wahrscheinlich liegt es daran, dass dieser südwestliche Teil der Eifel relativ weit entfernt von den Metropolen des Rheinlands ist. Wanderreiter freuen sich darüber, dass die landwirtschaftlichen Straßen nicht geteert sind, und alle, die Ruhe und Stille suchen, finden hier ein kleines Paradies. Damit dieses Paradies nicht von Durst und Hunger getrübt wird, sollte man unbedingt ein leckeres Picknick mitnehmen.

FAZIT: DIE RUHE IM IRSENTAL HAT MAN FAST IMMER FÜR SICH. DER IDEALE AUSFLUG ALSO, UM DEN KOPF FREIZUBEKOMMEN UND NATUR ZU TANKEN.

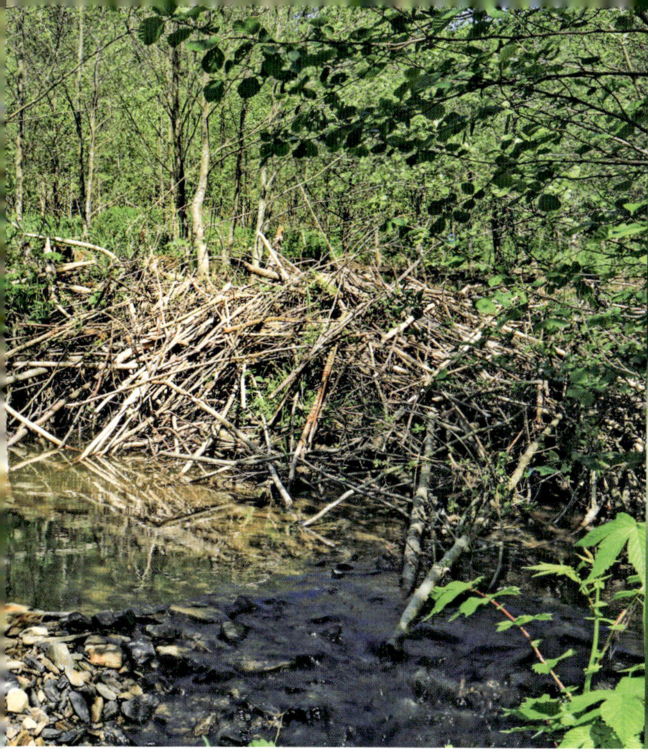

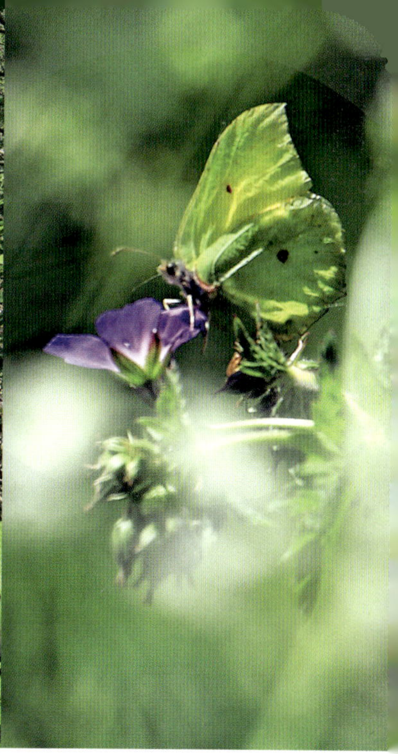

Hin & Weg: Start des Rundwegs beim Gasthaus Waldesruh, Wehrbüsch 19, Dahnen; der Wegmarkierung mit dem Blattsymbol des Naturwanderparks delux folgen.

Beste Zeit: Frühling, Sommer, Herbst.

Dauer & Strecke: 12 km, mit Picknick und Ruhegenießen ein entspannter Tagesausflug.

Ausrüstung: Festes Schuhwerk, Picknick.

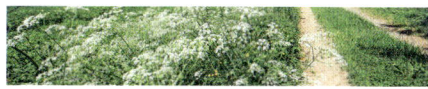

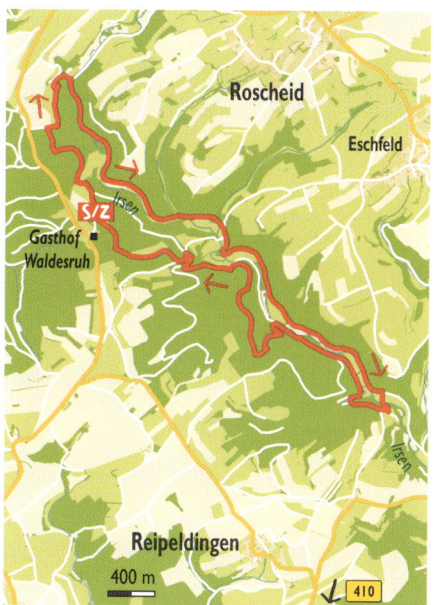

SONNE SATT

 ... im Ahrtal zwischen Dernau und Mayschoß ⟨

#30

Weinreben brauchen Sonne, deshalb sind Rebhänge gerne nach Süden ausgerichtet. Wärme und Sonne tanken vor dem Winter? Auf dem Rotweinwanderweg klappt es garantiert. Neben herrlichen Blicken wie den auf das idyllische Mayschoß warten auch Straußwirtschaften mit der neuen Ernte.

Die Ahr bei Mayschoß. Straußwirtschaft in Mayschoß (rechts).

die Hänge eine ganz bestimmte Neigung – so wie hier im Ahrtal. Dazu kommt das dunkle Schiefergestein, das die Wärme speichert. Und last but not least die Lage im Regenschatten der westlichen Eifel und des Hohen Venn, die dafür sorgt, dass hier eher selten mit Nässe von oben zu rechnen ist. Ideal zum Wandern also.

35 Kilometer lang kann man auf dem Rotweinwanderweg den Weinreben beim Wachsen zuschauen und Sonne tanken, wenn anderswo die Schatten schon länger werden. Eine schöne Strecke für einen Nachmittagsausflug ist das Teilstück zwischen Dernau und Mayschoß. Etwa auf halber Höhe des Hangs verläuft der ausgeschilderte Weg. Nur der Aufstieg von Dernau ist ein bisschen steil, danach geht es auf einer Höhe und ohne Steigungen weiter.

Wer beim Autobahnkreuz Meckenheim von der A61 Richtung Dernau abfährt, durchquert zunächst eine leicht hügelige Landschaft mit Wäldern, Wiesen und Feldern – eine typische Eifellandschaft eben. Der obere Rand des Ahrtals ist noch bewaldet, doch dann öffnet sich die Sicht und plötzlich ändert sich alles: Von einem Parkplatz an der K35 kann man das gesamte Tal überblicken und fühlt sich sofort in eine andere Welt versetzt. Das herbstliche Weinlaub leuchtet gelb von den Hängen, der Himmel strahlt in seinem schönsten Blau und die Sonne verbreitet eine milde, wohlige Wärme.

Ungewöhnlich für die Eifel, die um diese Jahreszeit schon ein ziemlich raues Klima an den Tag legt. Um die Sonneneinstrahlung bis in den späten Herbst aufzunehmen, brauchen

Wer den gemütlichen Spaziergang auf die Zeit nach der Weinlese legt, kann den neuen guten Tropfen gleich im Weinberg probieren: Mobile Straußwirtschaften machen es möglich. Die

Hin & Weg: Der Rotweinwanderweg verläuft deutlich über der Talsohle und ist von der Flut von 2021 nicht betroffen. Allerdings wurde die Ahrtalbahn stark beschädigt. Sie wird voraussichtlich ab 2025 wieder fahren (aktuelle Infos auf www.ahrstrecke.de). Start ab Dernau Ortsmitte, der Ausschilderung zum Rotweinwanderweg Richtung Rech/Mayschoß folgen. Zurück mit der Bahn ab Mayschoß. Alternative: Strecke abkürzen und zurück nach Dernau auf dem Rotweinwanderweg.

Beste Zeit: Frühling, Herbst (im Sommer kann es sehr heiß sein). Veranstaltungen siehe www.ahrtal.de/veranstaltungen.

Dauer & Strecke: 2,5 Std. (ohne Pause), 7 km. Für Genießer ein Tagesausflug.

Ausrüstung: Wanderschuhe.

rote Variante des Federweißen heißt Roter Rauscher. Typisch für die Straußwirtschaften ist, dass sie vorzugsweise bei Sonnenschein im Mai, September und Oktober geöffnet haben. Oder man beschließt den Ausflug in Mayschoß in einer der Gaststätten, die neuen Wein ausschenken. Dazu passt natürlich am besten ein Stück Zwiebelkuchen – lecker! Allen, die nüchtern bleiben wollen oder müssen, sei das Kaffeehaus St. Quirinus in der Römerstraße 30 in Dernau empfohlen.

FAZIT: DER ALKOHOL IST NICHT ZWINGEND NÖTIG, UM DAS AHRTAL ZU GENIEßEN. MANCHE SCHAFFEN ES AUCH, ALLEINE VON DEN FARBEN UND DER SONNE (BE)TRUNKEN ZU WERDEN!

IM FLUSS SEIN

⚡ ... Kanufahren auf der Sauer ⚡

Vorbei an Enten und Uferschwalben, mal alles ganz ruhig angehen. Deutschland auf der linken Seite, Luxemburg auf der rechten. Das Wasser folgt einer sehr einfachen Regel: Es fließt immer bergab und bei dieser Kanufahrt fließt man ganz entspannt mit.

#paddeln #allesruhigangehen #sichtreibenlassen #Kanufahren

Die Kanus, Typ 3er-Kanadier für 2-3 Personen sind robust und einfach zu fahren.

Ein erster Blick auf die Sauer beruhigt auch den absoluten Anfänger: ein breiter, flacher Fluss, der ruhig dahinfließt. Nach einer kurzen Einführung über den Ablauf der 17 Kilometer langen Tour geht es dann auch schon rein ins Wasser. Die Strömung nimmt das Kanu sachte mit. Paddeln und Lenken? Lernt man sehr schnell durch direkte Erfahrung. Als es dann fast schon zu einfach wird, kommt das erste Hindernis. Große Steine, die unter der Wasseroberfläche quer durch den Fluss verlaufen, bilden eine leichte Stromschnelle. Da kann es schnell passieren, dass sich das Boote querstellt und hängen bleibt. Alles halb so schlimm, das Kanu lässt sich befreien und weiter geht's.

Bei Bollendorf wartet die nächste Aufgabe auf die Kanuten, eine Brücke. Jetzt heißt es zwischen zwei Brückenpfeilern durchfahren. Doch auch das gehört eher zu den kleineren Herausforderungen. Danach kann man sich wieder dem Flusspanorama zuwenden: Schloss Bollendorf ist auf einer Anhöhe zu sehen, Uferpromenaden und Radwege begleiten

Wasservögel bleiben entspannt. Die Erfahrung zeigt, dass die roten Dinger harmlos sind und nur selten Futter abwerfen.

Entlang der gesamten Stecke ist die Sauer ein internationales Gewässer. Die deutsch-luxemburgische Grenze verläuft nicht, wie oft üblich, mitten durch den Fluss. Er gehört in seiner gesamten Breite sowohl zum Hoheits-gebiet der Bundesrepublik Deutschland als auch zum Territorium des Großherzogtums Luxemburg. Die Brücken werden von beiden Staaten gemeinsam unterhalten. Die letzten Orte auf der Tour sind rechts das luxemburgi-sche Echternach und auf der linken Seite das deutsche Echternacherbrück.

Danach folgt noch ein idyllischer, gemäch-licher Flussabschnitt. Um hier voranzukom-men, bedarf es etwas Muskelkraft. Ein am Ufer senkrecht stehendes rotes Kanu ist das Zeichen: Ende der Fahrt, hier anlegen. Die Leute vom Kanuverleih sind bereits da und

den Flusslauf. Ab und zu sitzt ein einsamer Angler am Ufer. Entenfamilien und Schwa-nenpärchen lassen sich von den Kanufahrern nicht stören. Denn sie sind harmlos und haben nie Futter dabei. Ein Reiher gerät etwas in Auf-regung und lässt sich vertreiben. Unglaublich schnell und geschickt schwirren Uferschwal-ben über die Wasseroberfläche und immer wieder sind Fische im Wasser zu sehen. Die Paddler lernen schnell, dass auf sehr ruhiges Wasser bald eine Stromschnelle folgt. So wird es bei aller Entspannung und Entschleunigung auch nicht langweilig. Die Stromschnellen machen zunehmend weniger Probleme, ge-legentlich ist es aber doch ganz beruhigend, dass Wertsachen und Ersatzkleidung in einem wasserdichten Fässchen verstaut und im Boot befestigt sind. Gut vorstellbar, dass sich die jetzt so gemütliche Sauer nach einem starken Regen von einer anderen Seite zeigt!

Hin & Weg: Camping Altschmiede, Altschmiedestra-ße, Bollendorf, Parkplatz vor dem Eingang zum Campingplatz.

Beste Zeit: Ostern bis 31. Oktober. Öffnungszeiten des Freibads unter www.bollendorf.de/freibad-bollendorf

Dauer/Strecke: 3–4 Std. (+ Rücktransport), 17 km auf dem Fluss.

Ausrüstung: Ersatzkleidung, wasserfeste Schuhe, Sonnenschutz. Schwimmwesten im Preis inbegrif-fen, eine wasserdichte Tonne gibt's an der Rezeption gegen Pfand. Mehr unter www.camping-altschmie-de.de

Übrigens: Geübte Kanuten können alternativ die Strecke von Bettendorf nach Bollendorf fahren (nur mit Voranmeldung).

ziehen das Boot an Land. Wenn alle aus der Gruppe angekommen sind, geht es mit zwei Vans zurück zum Ausgangspunkt. Wer jetzt noch richtig untertauchen will, beschließt den Ausflug mit einem Besuch des beheizten Freibads von Bollendorf.

MOUNTAIN-BIKING FÜR FORTGE-SCHRITTENE

≥ ... im Technik-Parcours in der Vulkaneifel ≤

#32

Mountainbike-Trails gelten dann als gut, wenn sie voller Hindernisse, kurvig, steil und herausfordernd sind. Wem das noch nicht genug ist, der sollte es mit einem Technik-Parcours wie dem Kôulshore in der Vulkaneifel probieren. Er gilt als Highlight des gesamten MTB-Parks in der Vulkaneifel.

Ein alter Lavasteinbruch – Koul nennen ihn die Einheimischen – dient als »Arena« und bietet mit dem umliegenden Waldgebiet ein tolles Gelände, um Techniken zu erlernen und zu verfeinern. 2017 wurde ein Pumptrack aus Wellen und Kurven, Dirtlines, Tables, Steilkurven und Flowlines eingeweiht. Auf diesem Trail geht es darum, nur durch Hochdrücken des Körpers (englisch: pumping), ganz ohne Treten zu beschleunigen. Ein Starthang kann als Ausgangspunkt für rasante Jumplines genutzt werden. Auf dem Gelände gibt es außerdem Northshore-Elemente, einen Holzanlieger am Lavafelsen und im Wald der Umgebung jede Menge Singletrails. Das sind schmale Wege, die nur in einer Richtung befahren werden können.

Mountainbikes sind speziell für actionreiche Fahrten in schwierigem Gelände konstruiert. Sie erlauben dem Biker steile Spitzkehren und Sprünge wie den Bunny-Hop, den Wheelie oder den Schweine-Hop. Beim Fahren liegt das Gleichgewicht optimal über dem Tretlager. Bei schwierigen Passagen heißt es runter vom Sattel, die Knie leicht beugen, ebenso die Arme. Dadurch können Stöße gut abgefedert werden.

Voraussicht ist eine wichtige Technik beim Biken. Und dabei geht es um mehr als nur darum, Schwierigkeiten oder Hindernisse auf dem Trail rechtzeitig zu erkennen. Normalerweise besteht unsere natürliche Reaktion etwa darin, die Aufmerksamkeit auf die scharfe Kurve zu fixieren – und genau das ist kontraproduktiv. Besser ist es, auf das Ende der Kurve zu blicken. Dadurch strukturiert die Aufmerksamkeit den gesamten Körper wesentlich besser. Klingt wie ein gutes Training für den Umgang mit Problemen des Alltags!

Wer zum ersten Mal mit seinem Bike vor solch einem Trail steht, kann bei einem

![Helm beim Technik-Parcours und Badegäste am Schalkenmehrener Maar]

Helm ist beim Technik-Parcours Pflicht. Danach geht es zur Abkühlung ins Schalkenmehrener Maar.

Technik-Training von Profis die besten Tipps gezeigt bekommen (www.mtb-xpert.de/mtb/mtb-fahrtechnik-eifel). Für einen idealen Abschluss des Tages sorgt ein erfrischendes Bad im nahegelegenen Maar bei Schalkenmehren. Auch Restaurants und Cafés gibt es dort in großer Auswahl.

FAZIT: HOHE KONZENTRATION UND PERFEKTE KÖRPERBEHERRSCHUNG SIND DIE EINE SEITE DES BIKENS – DER FAHRSPAß LETZTLICH DAS ZIEL!

Hin & Weg: Bikepark Kôulshore, Lavastraße 8, Trittscheid, Zufahrt etwa 500 m südlich von Trittscheid ausgeschildert. Naturfreibad Schalkenmehrener Maar in 6 km Entfernung von der Kôulshore.

Beste Zeit: Frühling–Herbst. Freibad-Öffnungszeiten unter www.schalkenmehren-eifel.de

Dauer: Hängt von der Kondition ab. Mit Parcours, Singletrail und anschließendem Bad im Maar ein schöner Tagesausflug.

Ausrüstung: Viel Wasser (Biken macht durstig), Schwimmsachen fürs Baden im Maar.

Übrigens: Die Nutzung des Parcours ist kostenfrei und auf eigene Gefahr. Helmpflicht!

VON WEGEN SPIEßIG!

≥ ... Sonntagsausflug zum Obersee ≤

Sonntags ans Wasser, am besten mit Freunden oder Familie. Ein bisschen spazieren gehen, lecker essen und trinken, baden ... Und eine Schiffspartie passt auch noch perfekt dazu! Hört sich konventionell an, tut aber einfach gut.

Buchen- und Eichenwälder säumen die Ufer. Daneben: Anlegestelle bei Ruhrberg.

Wie gelingt ein typischer Sonntagsausflug? Richtig: Indem er eine gute Mischung bietet aus Entspannung, Abwechslung, Ruhe und Aktivitäten. Ein Klassiker, der all das möglich macht, ist ein Ausflug nach Einruhr am Obersee! Sogar eine beschauliche Schiffspartie mit der »Seensucht« steht hier auf dem Programm.

Der Obersee ist Teil der Eifeler Seenplatte, zu der auch die Rurtalsperre Schwammenauel, der Rurstausee, die Urfttalsperre und das Staubecken Heimbach gehören. Der Obersee hat durch alle Jahreszeiten hindurch eine konstante Wasserhöhe und wirkt dadurch wie ein natürlicher See. Eine gepflegte Uferpromenade führt an der Anlegestelle der Rursee-Schifffahrt vorbei. Sehr praktisch, dass die Schiffe von Ende April bis Mitte September ab zehn Uhr stündlich fahren. Aber erst mal etwas essen und trinken. Restaurants und Cafés gibt es reichlich. Das Eifelhaus an der Uferpromenade bietet Speisen aus regionalen Produkten an (www.eifelhaus-einruhr.de).

Ahoi! Highlight des Tages ist die Fahrt mit einem richtigen Kapitän auf einem richtigen Passagierschiff. Das gibt es in der Eifel nur hier auf der Seenplatte. Die »seemännisch ausgebildete Mannschaft« verbreitet die passende Atmosphäre auf dieser Mini-Kreuzfahrt nach Rurberg. Eine angenehme Brise weht auf dem Wasser und alles ist sehr entspannt und easy.

Auch Rurberg ist ein beliebter Ausflugsort mit allem, was dazugehört: Bade- und Freizeitanlage am kleinen Eiserbachsee (ganz nahe an der Schiff-Anlegestelle), das Info-Center des Nationalpark-Tors und eine überregional bekannte Konditorei/Konfiserie, das Café Henn (www.cafe-henn.de). Wer will, kann von Rurberg aus wieder mit dem Schiff zurückfahren. Alternativ führt ein schöner Fußweg

Uwe Gramann, Kapitän bei der Rursee-Schifffahrt. Auf der »Seensucht« weht eine frische Brise.

(4,5 Kilometer) zurück nach Einruhr. Der Weg startet in der Nähe der Schiff-Anlegestelle, nach dem Imbiss am Damm links.

Welche Möglichkeiten gibt es sonst noch zurück in Einruhr? Ein Naturerlebnisbad (www. naturerlebnisbad-einruhr.de), eine Heilsteinquelle und, falls Kinder dabei sind, natürlich auch den Spielplatz an der Uferpromenade.

Hin & Weg: Startpunkt ist die Uferpromenade in Einruhr. Mit dem Rheinlandbus 63, 68 oder 83 bis Haltestelle Simmerath, Einruhr.

Beste Zeit: Ende April–Mitte September. Fahrplan der Rurseeschifffahrt unter www.rurseeschifffahrt. de (Achtung: In der Nachsaison eingeschränkte Schifffahrt).

Dauer: 1 Tag.

Ausrüstung: Ggf. Badekleidung, außerdem gute Laune und Sonnenschutz, vielleicht auch noch eine Portion Gelassenheit.

FAZIT: FRISCHE LUFT, SICH EIN WENIG TREIBEN LASSEN, EINE PRISE LANGE-WEILE – DAS MACHT EINEN PERFEKTEN SONNTAGSAUSFLUG AUS!

SCHWIMMEN IM VULKAN-KRATER

≥ ... Sommerfrische im Gemündener Maar ≤

#34

Der Sommer ist da! Endlich wieder in einem See schwimmen! Ein besonders schöner Badesee mit mystischem Flair ist das Gemündener Maar. Smaragdgrün, kreisrund – ein typischer Kratersee der Eifel.

Dieses kreisrunde Maar ist das kleinste der drei »Eifelaugen« bei Daun. Der 150 Meter hohe Kraterrand umschließt den See, sodass es am Badestrand des Naturfreibads angenehm windstill ist. Besonders Mutige können von einem hohen Sprungturm aus direkt in das Maar hineinspringen oder auch mitten in den See hinausschwimmen. Ein wirklich wunderbares Gefühl!

Auch einige bunte Boote treiben auf dem smaragdgrünen Wasser. Es geht nicht darum, irgendwo anzukommen – dazu ist der See viel zu klein. Es geht einzig und allein darum, den Tag zu genießen. Ein entspanntes Sommerfeeling stellt sich ganz von alleine ein. Natürlich tragen auch Liegewiese, Kiosk, eine schwimmende Insel und ein Nichtschwimmerbecken für die lieben Kleinen ihren Teil dazu bei.

Das Gemündener Maar formte sich vor etwa 30 000 Jahren durch eine vulkanische Dampfexplosion, die entstand, als glühende Lava direkt auf Wasser traf. Schlagartig entwickelte sich Wasserdampf und die dabei freiwerdende Energie war so stark, dass ein Krater in den Gesteinsuntergrund gesprengt wurde. Das umliegende Gestein wurde dabei geradezu pulverisiert. 70 Maare gibt es in der Eifel. Andreas Schüller vom Geopark Vulkaneifel sagt, dass die Vulkaneifel von unten durchschossen sei wie Schweizer Käse.

Wer Lust und Zeit hat, kann noch einen Spaziergang zum Waldcafé gegenüber vom Freibad machen (www.waldcafe-daun.de) und von dort aus auf den Spuren des Eifelsteigs bis zum Kraterrand hinaufsteigen. Oben liegen der Dronketurm und mehrere Picknickplätze

Blick vom Dronketurm auf das Gemündener Maar (links). Rast beim Waldcafé. Ziege auf dem Mäuseberg (rechts).

mit fantastischer Aussicht. Einen davon haben Ziegen besetzt. Aber was soll's, dafür halten sie hier das Gras schön kurz. Pilzfreunde finden auf der Wiese im August und September Parasolpilze. Ihre großen Schirme kann man im Ganzen mit Butter in der Pfanne braten. Sie schmecken köstlich auf einem Sandwich.

FAZIT: EIN SCHWIMMERLEBNIS IN EINER NATURIDYLLE, BESTE WASSERQUALITÄT, ERFRISCHEND IN JEDER HINSICHT!

Hin & Weg: Parkplatz vor dem Naturfreibad Gemündener Maar, Maarstraße. Mit den Buslinien 300 oder 560 bis Haltestelle Maarstraße. 550 m Fußweg.

Beste Zeit: Mai – September. Freibad-Öffnungszeiten auf www.dauner-bäder.de/gemuendener-maar/

Dauer: 1 Tag.

Ausrüstung: Badesachen, Picknick, Sonnencreme ...

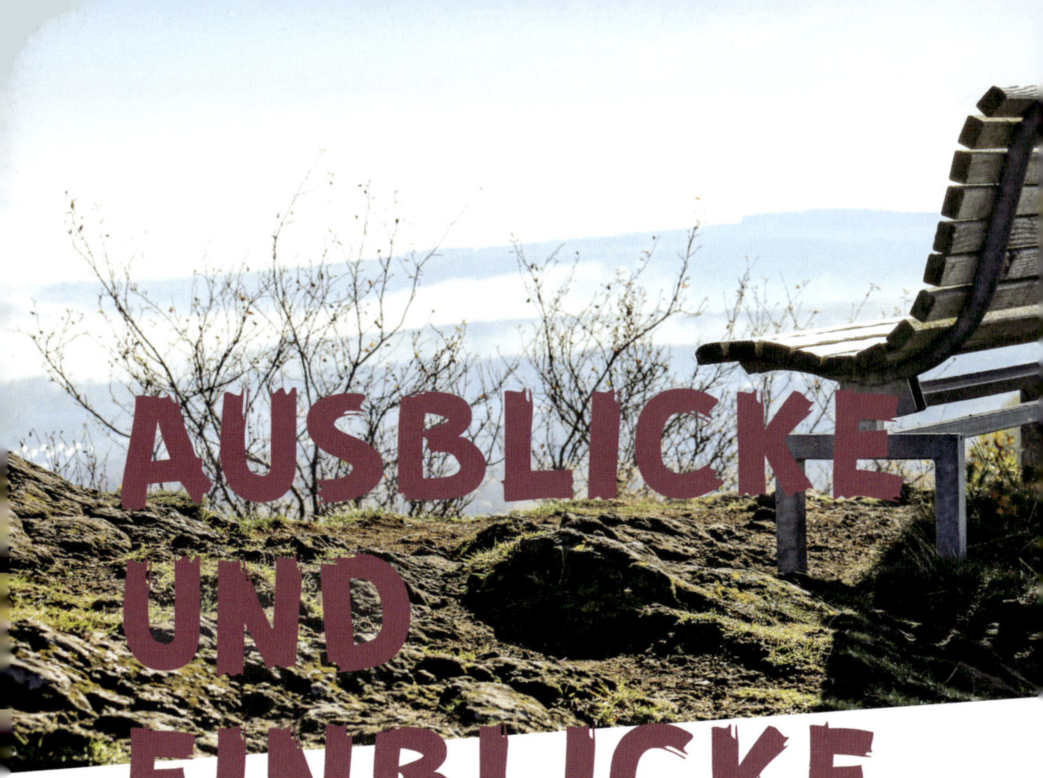

AUSBLICKE UND EINBLICKE

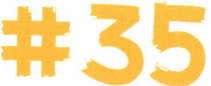

… auf dem Vulkanpfad bei Ettringen

#35

Ein schmaler Wiesenpfad führt entlang des Kraterrands, von dem aus sich ein fantastischer Fernblick und ein Einblick in den Schlot eines Vulkans bieten. Außerdem gibt es auf dieser Reise durch die Vulkangeschichte ein Kletterparadies und eine seltsame Quelle zu bestaunen.

#Zeitreise #Krater #Lavastrom #Basalt #klettern #bouldern #bestview

Klettergebiet im Kottenheimer Winfeld, einem historischen Steinbruch.

Glühendes Magma bricht an mehreren Stellen gleichzeitig durch die Erdoberfläche, Schlackenkegel entstehen und riesige Mengen an Lavafetzen fliegen durch die Luft. Innerhalb kurzer Zeit baut sich ein 20 Meter hoher Schlackenwall an der östlichen Kraterflanke auf. Gewaltige Lavamassen fließen aus tiefen Spalten und der Ettringer Bellerberg entsteht. Etwas später versiegen die explosiven Fontänen. Drei Lavaströme ergießen sich nun aus dem Vulkan.

200 000 Jahre später. Vom Kraterrand des Ettringer Bellerbergs aus schweift der Blick weit über die Landschaft. Unten in den Tälern hängt noch Nebel, aus dem etliche Schlackenberge herausragen: Hochstein, Laacher Kopf, Veitskopf, Thelenberg, Krufter Ofen, Korretsberg, In den Wannen, Karmelenberg und Kottenheimer Büden. Blickt man vom Kraterrand aus direkt nach unten, sieht man in einen modernen Steinbruch hinein. Hier wird dunkelgrauer Basalt aus dem Schlot des ehemaligen Vulkans abgebaut. Der harte und witterungsbeständige Stein ist ein wichtiger Werkstoff im Haus- und Straßenbau, ebenso für künstlerische oder dekorative Objekte.

Spannende Entdeckungen auf dem Vulkanpfad: Historische Steinbrüche, moderner Lavaabbau und alte Höhlen.

Weiter geht es entlang des westlichen Kraterrands zum südlichen Kraterdurchbruch. Hier floss einst ein mächtiger Lavastrom aus dem Krater. Um eine Vorstellung von der Lavamasse zu bekommen, lohnt sich ein kleiner Abstecher an den Rand des Steinbruchgebiets der Ettringer Lay.

Was für ein Wechsel - nun wird es wieder sehr idyllisch. Wald bedeckt den östlichen Hang des Bellerberg-Vulkans, den Kottenheimer Büden. Kleine Einblicke in diese mächtige Schlackenwand und die neuere Zeitgeschichte bieten die »Sieben Stuben«, im lokalen Dialekt »Siewe Stuwe« genannt. Diese kleinen in den Stein geschlagenen Höhlen boten den Menschen im Zweiten Weltkrieg Schutz bei Bombenangriffen. An einem Aussichtspunkt schweift der Blick bei klarer Sicht bis auf die Höhen von Westerwald und Hunsrück und dann wieder tief hinunter in den Lavaabbau

am Rand der Schlackenwand. Jetzt auf einer bequemen Holzliege ein paar Minuten die Augen schließen – vielleicht kommen so zu den dramatischen Aus- und Einblicken auch noch ein paar innere Einsichten hinzu.

Nächste Station auf der Wanderung durch den erloschenen Vulkan: das Kottenheimer Winfeld. Hier füllte der nördliche Lavastrom ein Tal und erreichte eine Mächtigkeit von 40 Metern. Der historische Steinbruch wurde in den 1960ern stillgelegt und ist heute eine wunderschöne wild-romantische Naturlandschaft mit einzelnen Basaltsäulen und mächtigen Lavawänden, die vor allem bei Kletterern äußerst beliebt sind (www.klettern-ettringen.de). Mit einem hübschen Buchenwald, durch den die herbstlich-goldenen Sonnenstrahlen fallen, und einer natürlichen rotbraunen Mineralwasserquelle zeigt sich die Natur zum Schluss noch einmal von ihrer allerschönsten Seite.

Tipp: Wie wäre es anschließend mit einer gemütlichen Einkehr? Gerade einmal acht Kilometer von Ettringen entfernt liegt das berühmte Kloster Maria Laach, das neben geistiger Erbauung auch eine überregional bekannte Gärtnerei, eine traditionelle Fischerei, einen Hofladen und eine Gaststätte zu bieten hat (www.maria-laach.de).

FAZIT: EINE WANDERUNG VOLLER GEGENSÄTZE UND KONTRASTE. ES IST SEHR EINDRUCKSVOLL, IN UND AUF EINEM ERLOSCHENEN VULKAN HERUMZUWANDERN!

Hin & Weg: Start und Parken vor der Hochsimmerhalle, Kottenheimer Straße 31, Ettringen. Der Wegmarkierung »Traumpfad Vulkanpfad« folgen.

Beste Zeit: Frühling, Sommer, Herbst.

Dauer & Strecke: Etwa 2 Std., 6,7 km. Inklusive Besuch von Maria Laach eine angenehme kleine Tagestour.

Ausrüstung: Rutschfeste Schuhe, Proviant.

Übrigens: Krimifreunde können sich mit »Eifel-Connection« von Jacques Berndorf einlesen, ein Buch über den Lavastein-Abbau in der Vulkaneifel.

PERSPEKTIVWECHSEL

 ... im Hochseilklettergarten bei Hürtgenwald

 **#36** *Wie lautet die Steigerungsform von Waldspaziergang? Genau: Hochseilklettergarten. Während man zwischen Bäumen hindurchschwebt, hohe Baumstämme erklimmt und auf schwankenden Brettern Abgründe überquert, lernt man den Wald noch einmal aus einem ganz anderen Blickwinkel kennen.*

Von unten sieht alles ganz locker aus. Fast wie bei Tarzan, nur dass der Wald nicht von Lianen durchzogen ist, sondern mit einem Spinnennetz von insgesamt 1200 Metern starker Stahlseile. Zunächst einmal wird man in das Sicherungssystem eingewiesen und Helm, Gurte und Kletterseil werden angelegt. Jetzt kann nichts mehr schiefgehen. Beinahe ein Spaziergang: die unterste Ebene des Parcours. Gut als Einstieg für Mutigere: die mittlere Höhe. So gewöhnt man sich daran, dass der Boden hier oben schwankt und »luftig« ist. Wenn anstelle der Stege einzeln aufgehängte Holzklötze oder Seilschlaufen kommen, wird es schon schwieriger und es wird unumgänglich, ganz genau nach unten zu blicken. Auch das Wissen, dass die Sicherungssysteme zuverlässig sind, ändert nichts daran, dass irgendwann ein Punkt kommt, an dem Mut gefordert ist. Gut, dass immer wieder eine stabile Plattform kommt.

Spätestens dann überwiegt die Begeisterung für die ungewohnte Perspektive. Die höchste Ebene liegt auf 14 Meter Höhe. Den Wald aus von hier aus zu sehen ist einfach wunderschön und ein besonderes Erlebnis! Wie mächtig die Bäume doch sind! Wie dick die Stämme noch in einer solchen Höhe! Doch für allzu viele Gedanken ist kein Platz, schließlich muss man sich konzentrieren hier oben. Wem der Sinn mehr nach Nervenkitzel steht, der sollte den Flying Fox ausprobieren. Mutige rauschen hier 130 Meter an einem Seil zwischen den Bäumen hindurch. Am Ende des Parcours fühlt man sich ausgepowert, aber glücklich!

Noch mehr Sport gefällig? In direkter Nähe zum Kletterpark liegt der Bike-Park Hürtgenwald an der Simonskaller Straße (www.mtb-park-huert-genwald.de), geöffnet am Wochenende und feiertags von April bis Ende Oktober.

Die mittlere Ebene des Parcours (links). Die Schlaufenbrücke. Das Junkerhaus in Simonskall (rechts).

Für einen ruhigen und entspannten Ausklang des Tages bietet sich der Ort Simonskall an (Autostrecke 4,5 km, Fußweg ab Parkplatz ca. 2 km). Besonders schön ist hier das Junkerhaus mit seinem Wehrturm und den darin eingebauten Schießscharten. Der relativ kleine Ort kann mit drei Gaststätten/Hotels und einem Café aufwarten. Während der Hochseilgarten sich auf einer Hochebene befindet, liegt Simonskall in einem überraschend tief eingeschnittenen Tal – ein äußerst reizvolles Nebeneinander!

FAZIT: EIN GROßER SPAß FÜR ALLE, DIE LUST HABEN, DEN WALD EINMAL VÖLLIG ANDERS ZU ERLEBEN.

Hin & Weg: Zufahrt bei Bushaltestelle Raffelsbrand, Wollseiffenerstraße, Hürtgenwald, Buslinie 86 und SB86.

Beste Zeit: 1. März – 31. Oktober. Infos unter www.hochseilgarten-huertgenwald.com

Dauer: 1/2 Tag.

Ausrüstung: Feste Schuhe, robuste Hose.

PILGERN FÜR EINE SUPPE

⇒ ... zur Abtei Mariawald ⇐

#37

Bei vielen Ausflügen ist der Weg das Ziel. Bei diesem ist es eine Erbsensuppe. Allerdings eine ganz besondere. Man bekommt sie nur in der Klostergaststätte der Abtei Mariawald. Und am besten schmeckt sie, wenn man den Weg von Heimbach zum Kloster zu Fuß zurückgelegt hat.

Mariawald liegt vom Wald des Nationalparks Eifel umgeben – Postkartenidylle, könnte man sagen. Seit Jahrhunderten ist die Abtei eine Pilgerstätte und ein Ort innerer Einkehr. Und berühmt für ihre Erbsensuppe.

Der Fußweg zur Abtei heißt offiziell Klosterrunde, inoffiziell wird er Suppentour genannt. Start des Rundwegs ist Heimbach, ein Städtchen der Rureifel, das mit der Bahn sehr gut erreichbar ist. Vom Ortszentrum aus überquert man die Rur und hält sich dann links. Etwa 700 Meter nach der Brücke zweigt von dem Sträßchen ein markierter Fußweg nach links ab. Der idyllische Uferweg führt am Staubecken Heimbach entlang zum Ortsteil Hasenfeld. Dort wechseln Wanderer auf die andere Seite der Rur zum historischen Kraftwerk Heimbach. Weiter geht es am Staubecken vorbei ein Stück zurück Richtung Heimbach. Die Gaststätte auf der rechten

Seite am besten links liegen lassen, auf dass der Appetit noch weiter anwachse. Nach 1,5 Kilometern nimmt man das Sträßchen »Herbstbachtal« nach rechts. Es wird bald zum Pfad und führt nach oben Richtung Kloster.

Ist der Anstieg nötig, damit die Suppe richtig gut schmeckt? Gut möglich. Schließlich taucht aus dem Wald die große Abtei auf einer Lichtung auf. Die klösterliche Spezialität kann verköstigt werden! Eine Erbsensuppe gilt als sättigende Grundversorgung, doch vielleicht wird sie einfach nur verkannt. Billig, leicht verfügbar, der Geschmack von Armut – lassen sich unsere Sinne dadurch täuschen? Sind die Fans der Mariawalder Erbsensuppe vielleicht die wahren, vorurteilsfreien und unbestechlichen Gourmets? Das ist doch einen Test wert! Für hartnäckige Suppenverweigerer gibt es natürlich auch andere Speisen in der Gaststätte.

Uferweg entlang dem Staubecken Heimbach (links). Die legendäre Erbsensuppe in güldener Dose (rechts).

Seit etwa 50 Jahren wird die Erbsensuppe nach dem gleichen Rezept in der Klosterküche zubereitet. Sowohl Mönche als auch haupt- und ehrenamtliche Mitarbeiter bewirtschaften die Klosteranlage. Die wenigen Mönche, die im Kloster leben, gehören dem strengen Orden der Trappisten an. Wer möchte, kann die Suppe – in einer goldfarbenen Dose – auch im Klosterladen erwerben. Dort gibt es noch andere hausgemachte Spezialitäten wie Trüffelpralinen, Original Mariawalder Klosterlikör, Honig, Senf. Keine Sorge wegen des Gepäcks; nach dem Kloster geht es nur noch bergab. Vom Klosterladen aus führt der »Stationenweg« zurück nach Heimbach.

Die Trappisten-Mönche mussten 2018 den Betrieb des Klosters aus Altersgründen leider aufgeben. Doch die eindrucksvolle Klosteranlage, der Klosterladen, die Likörfabrik, die Kunst- und Buchhandlung bleiben erhalten, ebenso die Klostergaststätte mit der legendären Erbsensuppe!

FAZIT: ABWECHSLUNGSREICHER RUNDWEG MIT EINEM KLEINEN, ABER GROBARTIGEN KULINARISCHEN ABENTEUER.

Hin & Weg: Rurtalbahn (Düren – Heimbach) bis Bahnhof Heimbach; ab der Brücke ist der Rundweg als »Klosterrunde« ausgeschildert.

Beste Zeit: Ganzjährig. Öffnungszeiten unter www. kloster-mariawald.de

Dauer/Strecke: 4 Std., 9 km. Mit Einkehr in Mariawald und einem abschließenden Rundgang & Café im schönen Heimbach ein Tagesausflug.

Ausrüstung: Festes Schuhwerk.

IM WUTRAUM DES TEUFELS

⋛ ... Wanderung in der Teufelsschlucht ⋚

#38

Die eine Landschaft schätzt man, weil sie
so sanft und idyllisch ist. Eine andere liebt
man aufgrund ihrer Wildheit. Eindeutig
zum zweiten Typ zählt die Teufelsschlucht!
Der Weg führt durch dramatisch zerklüf-
tete Felsen, über Wurzeltreppen und in
schattige Felsenkessel.

Die Teufelsschlucht (links). Felsformationen in der Nähe der Schlucht.

So geärgert hatte sich der Teufel schon lange nicht mehr! Einen Felsbrocken nach dem anderen riss er aus der Erde und warf sie durch die Gegend. Warum er so wütend war, ist nicht mehr bekannt. Die Landschaft hier am Rand des Ferschweiler Plateaus sieht jedenfalls auch heute noch sehr zerlegt aus.

Parkplatz und Zugangsweg zur Teufelsschlucht lassen nicht ahnen, wie wild zerklüftet es gleich weitergehen wird. Im Besucherzentrum angekommen, hat man die Wahl zwischen mehreren Teufelspfad-Variationen in verschiedenen Längen. Die »Teuflische Acht« führt auf 6 km Länge bis hinunter zu den Irreler Wasserfällen. Ihre Wegmarkierung gleicht einer Acht. Alle Routen führen durch die namengebende Schlucht. Der schmale Pfad zwängt sich auf 156 Stufen durch eine

dramatische Felsenschlucht hindurch – sehr wild-romantisch, oder besser: einfach teuflisch schön!

Ob sich der Teufel darüber – dass er eine so beliebte Attraktion geschaffen hat – nun auch wieder ärgert?

Nach den vielen Stufen steht die Entscheidung an, auf welcher Wegvariante es weitergehen soll. Immer wieder überraschen auf dem Rundweg bizarre Felsen mit interessanten Verwitterungsformen. Es ist nur wenig Fantasie nötig, um in den Formationen seltsame Spukgestalten zu entdecken. Wie wäre es mit einem kleinen Picknick in einem Felsenkessel oder auf einer der Bänke? Diese sind bemerkenswert schön platziert. Auch wenn der Teufelspfad am Wochenende gut besucht

Die Prüm zwischen Prümzurlay und Irrel.

ist, bleibt der Charakter eines kleinen Naturpfads erhalten.

Auf der Teuflischen Acht führen viele weitere Stufen hinunter ins Tal der Prüm. Im Flussbett liegen große Steinbrocken und verursachen Stromschnellen, die Irreler Wasserfälle. Wenn die Prüm genug Wasser führt, lassen sich hier Kanu-Wildwassersportler beobachten.

Beim Naturparkzentrum am Ausgangspunkt der Wanderung gibt es Informationen für Wissensdurstige und das Bistro TeufelsKüche für Hungrige. Für die Teufelsschlucht gibt es ein unterhaltsame Audiotour, die kostenlose Lauschtour-App kann bei GooglePlay oder im AppStore heruntergeladen werden.

Hin & Weg: Buslinien 427 und 431 bis Ernzen Kirche, Start am Naturparkzentrum Teufelsschlucht, Ferschweilerstraße 50, Ernzen.

Beste Zeit: Immer, nur nicht bei Glatteis. Mehr unter www.teufelsschlucht.de

Dauer & Strecke: Teuflische Acht mindestens 4 Std., 6 km. Man sollte sich Zeit lassen für die Tour und ein Picknick bei den Irreler Wasserfällen einlegen.

Ausrüstung: rutschfeste Wanderschuhe, Picknick.

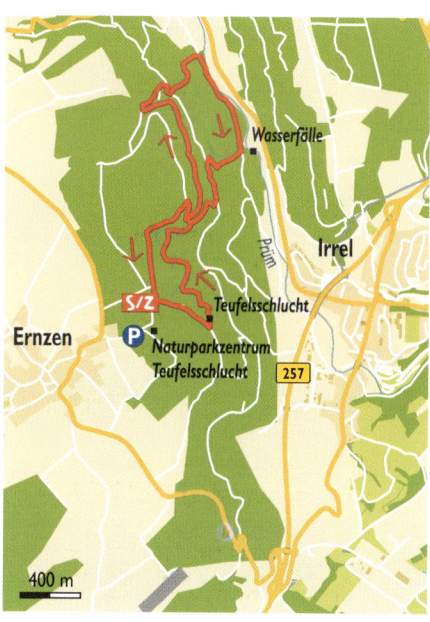

FAZIT: EINE DER SCHÖNSTEN WANDERSTRECKEN AM OSTRAND DES FERSCHWEILER PLATEAUS! KANN AUCH LEUTE BEGEISTERN, DIE SICH SONST EHER NATURFERN BEWEGEN.

EINMAL VERGAN- GENHEIT UND ZURÜCK

 ... auf dem Römerpfad bei Kordel

#39 *Wie wäre es mit einer Zeitreise zurück ins Mittelalter, in die Zeit der Römer und noch weiter, bis zu den geheimnisvollen Höhlenbewohnern der Frühzeit? Der Pfad verläuft durch eine außergewöhnlich reizvolle Landschaft mit Blick auf Burg Ramstein und durch das urige Butzerbachtal. Etwas Trittsicherheit ist erforderlich.*

Interessante Stationen entlang des Wanderwegs: die Genovevahöhle, die Hängebrücke im Butzerbachtal und das römische Kuperbergwerk.

Burg Ramstein ist so gerade eben im Nebel erkennbar und es ist herbstlich kühl. Die Buchen leuchten mit ihren wunderbaren gelben und rotbraunen Herbstfarben gegen das fisselige Wetter an. Vom Parkplatz aus führt der Weg in das schmale Butzerbachtal. Trittsteine ersetzen den Pfad, das Bächlein plätschert und ein kleiner Wasserfall scheint einem Bilderbuch entsprungen. Dass alles von der Feuchtigkeit etwas rutschig ist, erhöht nur das Vergnügen. Die 30 Meter lange Hängebrücke schwankt, dass es eine Freude ist. Alles wirkt ein bisschen wie ein großer Abenteuerspielplatz und man fühlt sich in Kindertage versetzt.

Nun geht es noch weiter zurück in die Vergangenheit. Auf einer Anhöhe haben die Römer Spuren hinterlassen. Die »Pützlöcher« sind ein altes römisches Kupferbergwerk. Sie gelten als eines der ältesten römischen Bergwerke in Deutschland. Die Schächte reichten bis zu 14 Meter in die Tiefe. Jetzt kann man sich entscheiden, ob man die kurze Runde zurück zur Burg Ramstein macht oder auf dem Römerpfad zu zwei beeindruckenden Höhlen weitergeht: der Genovevahöhle und der Klausenhöhle (www.lux-trier.info, unter »Natur«). Erstere ist 15 Meter breit und bis zu zehn Meter hoch. Sie war wohl schon in der Altsteinzeit bewohnt und wurde auch später wegen ihrer geschützten Lage genutzt. In ihrem Inneren waren kleine Hütten eingebaut, die nur über Stricke oder Leitern erreichbar waren. In der Klausenhöhle lebte im 18. Jahrhundert ein Eremit, der sein Heim vermutlich in zwei »Etagen« unterteilte – einen Wohn- und einen Andachtsraum. Durch die Feuchtigkeit leuchtet der Buntsandstein besonders.

Die imposante Ruine der Burg Ramstein thront auf einem Felsen über dem Kylltall. Die Burg-

ruine kann im Rahmen einer angemeldeten Führung besichtigt werden (06505-1445), auf Wunsch auch als Nachtführung mit Fackeln. Neben der Burg liegt das Hotel-Restaurant Burg Ramstein (www.burg-ramstein.de). Ein guter Platz, um wieder im Hier und Heute anzukommen! Bei schönem Wetter genießt man den Blick auf der Aussichtsterrasse, bei nassem Herbstwetter ist es vor dem offenen Kamin gemütlicher.

FAZIT: UNTERWEGS IN EINER TRAUMHAFTEN LANDSCHAFT, IN DER DIE GESCHICHTE DER MENSCHHEIT LEBENDIG WIRD.

Hin & Weg: Startpunkt für den gut ausgeschilderten Wanderweg »Römerpfad« ist der Parkplatz bei Burg Ramstein, Kordel. Weitere Infos zum Römerpfad finden Sie auf www.roemerpfad.de

Beste Zeit: Frühling, Sommer, Herbst.

Dauer & Strecke: Etwa 3,5 Std. (ohne Pause), 10,5 km. Mit Burgbesichtigung und Einkehr ein runder Tagesausflug.

Ausrüstung: Festes Schuhwerk.

WIE ANNO DAZUMAL

>‡ ... Winterglück am Weißen Stein ‡<

#40 Schlittenfahren und Schneemänner bauen: Kindheitserinnerungen brauchen von Zeit zu Zeit eine Auffrischung. Am besten, wenn Neuschnee den Ski- und Rodelhang beim Weißen Stein bedeckt. Dann heißt es: Warm anziehen und los geht's!

Das Wintersportgebiet am Weißen Stein bei Udenbreth liegt auf 690 Meter Höhe. Zugegeben, verglichen mit den Erhebungen im Alpenraum ein Klacks, aber immerhin: Die Chancen auf Schnee sind hier recht hoch – zumindest einmal im Winter sind die Hänge weiß. Dann allerdings füllt sich der riesige Parkplatz meist bis auf die letzte Lücke. Die Skipiste ist 550 Meter lang, die Rodelstrecke 350 Meter, beide jeweils mit Lift. Auf Skilangläufer warten Loipen von 27 Kilometer Länge und über allem thront ein 30 Meter hoher Aussichtsturm.

Ski- und Snowboardfahren erfordern Geschick oder Übung, Schlittenfahren aber kann jeder. Schaut man sich die Leute bei der Abfahrt an, scheint Rodeln die Beschäftigung zu sein, die am meisten Spaß macht. Sich der Geschwindigkeit hingeben, über die Piste rumpeln und schnell wieder nach oben zur nächsten Runde!

Nach vielen Abfahrten taucht die Frage auf, was es hier sonst noch zu tun gibt. Es bieten sich an: ein Winterwanderweg oberhalb der Abfahrtspiste und eine Langlaufloipe – beides gespurt und gut ausgeschildert. Irgendjemand fängt damit an, eine Schneekugel zu rollen. Groß und dick soll sie werden! Mindestens noch eine zweite, kleinere gehört dazu. Und zwar obendrauf auf die erste. Im Prinzip ist der Schneemann dann schon fertig. Aber ein wenig Mimik oder Deko fehlt noch. Was nehmen, wenn eigentlich nichts da ist? Außer vielleicht ein paar Zweigen oder Steinchen? Wie wär's mit einem Bart aus Moos? Ein paar Reste aus der Picknickdose könnten auch noch verarbeitet werden. Die kleine Gesellschaft am Fuß des Schlittenhangs wächst und am Abend, wenn alle Menschen in ihre Quartiere oder nach Hause gefahren sind, haben die Schneemänner den ganzen Hang für sich

Bergauf geht es mit einem speziellen Rodellift, runter von alleine (links). Schnee und ein paar Zweige – das ist der Stoff, aus dem ein glücklicher Schneemann besteht (rechts).

alleine. Ein paar Schneemann-Vampire sind übrigens auch manchmal dabei.

Passend zur Winterzeit: In neun Kilometern Entfernung (mit dem Auto) gibt es die größte Krippenausstellung Europas in Hergersberg/ Losheim (www.arskrippana.net).

Hin & Weg: Mit dem TaxiBus 839 bis Udenbreth Weißer Stein Parkplatz. Adresse: Am Weißer Stein 29, Hellenthal-Udenbreth. Aktuelle Wetterlage und mehr auf www.weisserstein.info.

Beste Zeit: Im Winter bei Schnee.

Dauer: 1/2 bis 1 Tag.

Ausrüstung: Snowboard, Schlitten, Ski, Handschuhe, Proviant …

Übrigens: Bei der Bergstation des Rodellifts können Langlaufski und Rodelschlitten ausgeliehen werden. Das Schneetelefon (02482 85200) informiert über die aktuelle Schneehöhe.

FAZIT: FRISCHE, KLARE WINTERLUFT TUT IMMER GUT UND BEIM SCHNEEKUGELROLLEN WIRD'S EINEM SCHNELL WARM!

3. KAPITEL
MINIURLAUB

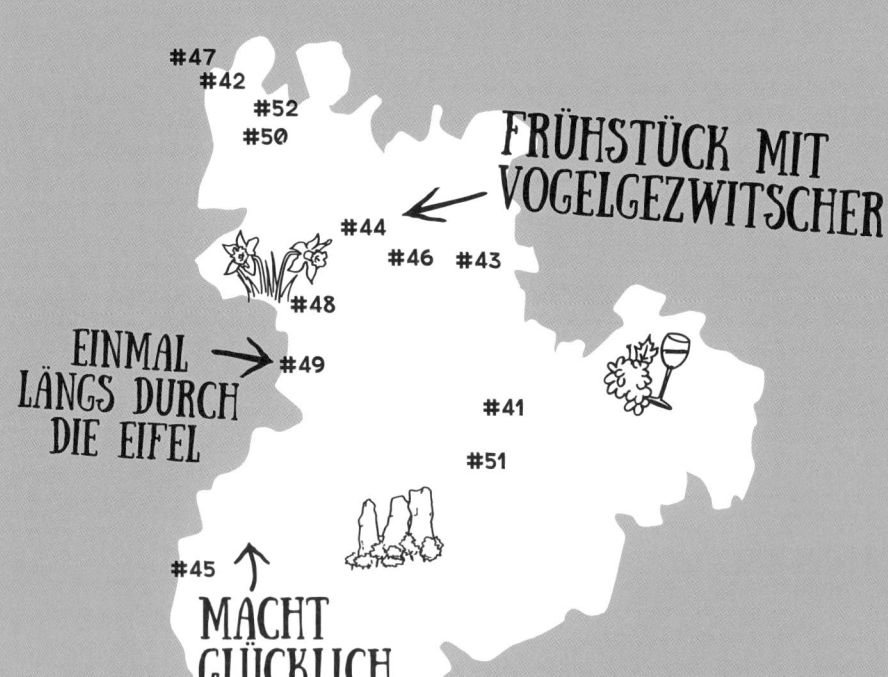

#47
#42
#52
#50

FRÜHSTÜCK MIT
VOGELGEZWITSCHER

#44
#46 #43

EINMAL
LÄNGS DURCH
DIE EIFEL

#49

#41
#51

#45

MACHT
GLÜCKLICH

Ferien für ein Wochenende

Urlaubsstimmung schon beim Aufwachen. Und nach dem Frühstück direkt raus in die freie Natur! Erstaunlich, wie intensiv und erholsam so ein Miniurlaub sein kann.

36 H

DER WEG IST DAS ZIEL

⋝ ... Eselwandern in der Vulkaneifel ⋜

#41

Esel sind freundliche Tiere, verlässlich, geduldig und gutmütig. Und Eselwandern ist eine der schönsten Formen der Entschleunigung. Manche Menschen behaupten gar, es sei wie ein langes, langes Ommm ...

#unterwegsmitesel #entschleunigen #Weggefährte #Zeitgeschenk

Jahrtausende lang war der Esel
ein geduldiger, anspruchsloser
Begleiter des Menschen. Hier ist
es eher umgekehrt: Der Mensch
begleitet den Esel. Und das ergibt
ebenfalls Sinn.

Es ist Sonntagvormittag und im ehemaligen Forsthaus von Bongard trifft eine erste Gruppe zum Eselwandern ein. Alle bekommen eine Bürste in die Hand und nehmen, während Petra Landsberg eine kleine Einführung zum Eselwandern gibt, schon mal einen ersten Kontakt mit den Eseln auf. Das Fell sieht struppig aus, fühlt sich aber erstaunlich angenehm und weich an. Esel lieben es, gebürstet und gestreichelt zu werden!

Bei der Einführung geht es natürlich auch um eine Kerneigenschaft, die den Vierbeinern zugesprochen wird: Sind Esel störrisch? Und warum bleiben sie manchmal einfach stehen? Wenn man Petra Landsberg zuhört, ist

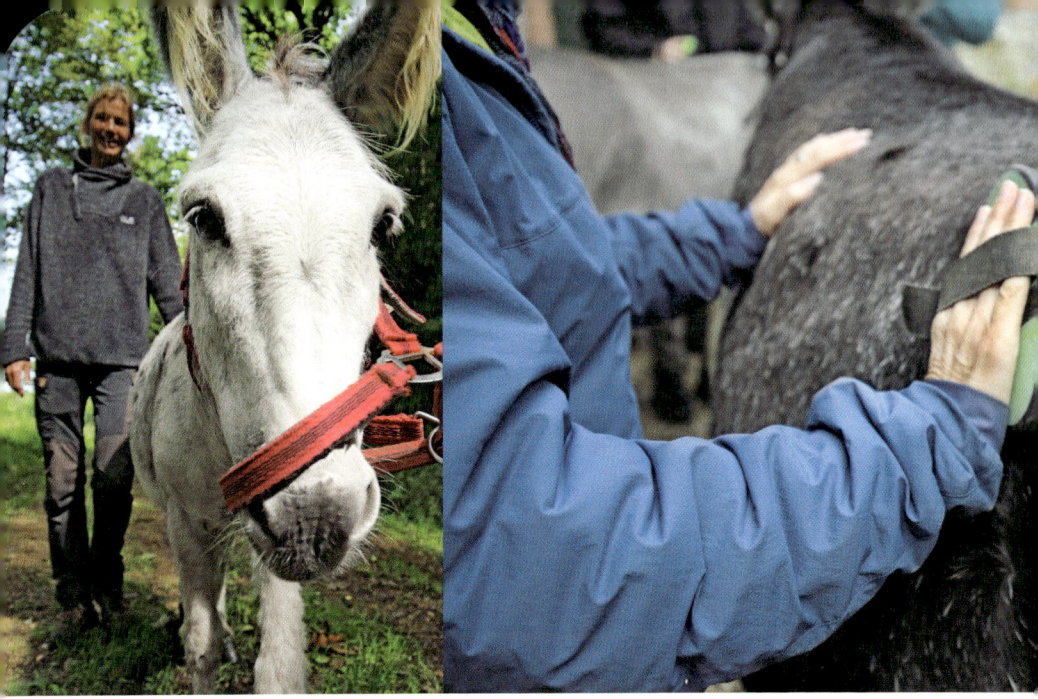

eigentlich alles sehr einfach und durchaus logisch. Unter Eseln gibt es kein Alphatier – und manchmal sind sie einfach anderer Meinung als der Mensch. Ihre Vorfahren stammen aus der Wüste, weshalb sie beispielsweise auch heute noch ausgesprochen wasserscheu sind. Kein Wunder, dass sie sich weigern, durch Pfützen zu gehen.

Die Nr. 1 in der Welt des Esels ist frisches Gras. Lässt man den Graubeiner unterwegs Gras fressen, kann das ein ganz schönes Weilchen dauern, weil er dann erst mal nichts anderes möchte. Petras Tipps: einen Esel immer so führen, dass er in der Mitte des Wegs geht, und die Aufmerksamkeit beim Spazierengehen immer auf den Esel lenken. Löst sie sich von ihm, macht er, was er will. Dann ist es auch schwierig, ihn wieder auf Spur zu bringen. Auf Druck reagiert ein Esel immer mit Gegendruck.

Für Notfälle bekommen die Teilnehmer ein paar Möhrchen mit auf den Weg und Petras Handynummer. Ein Zeitlimit für die Wanderung gibt es nicht. Eseln ist die Hektik unserer modernen Welt fremd und mit ihnen entschleunigt sich alles ganz von alleine. Ihre Freundlichkeit und ihr stoischer Gleichmut übertragen sich direkt auf die Menschen.

Hin & Weg: Eselwandern Eifel, Petra Landsberg, Am Barsberg 14, Bongard (www.eselwandern-eifel.de).

Beste Zeit: Frühling, Sommer, Herbst.

Dauer: 1 Tag oder 1 Wochenende.

Ausrüstung: Picknick für unterwegs (trägt der Esel).

Wenn es Nacht wird: Auf dem Hofgelände von Petra Landsberg gibt es zwei Schäferwagen für Übernachtungen, die in Verbindung mit der Eselwanderung angemietet werden können. Tel. 02692 9326773, Mindestaufenthalt: zwei Nächte.

Das Fell der Esel fühlt sich weich und angenehm an – so tut die obligatorische Fellpflege beiden Seiten gut (links).
Das ehemalige Forsthaus von Petra Landsberg liegt am Waldrand.

Wenn sie stehen bleiben, hören sie dann mit ihren großen Ohren besondere Geräusche? Man hält ebenfalls inne und lauscht in die Umgebung. Die Pausen sind ein Zeitgeschenk und nach und nach bekommt die Wanderung etwas sehr Meditatives.

Jahrtausendelang begleiteten Esel den Menschen als Nutz- und Lastentiere. Theoretisch ist diese Ära in unserer westlichen Zivilisation beendet. Doch da scheint eine Lücke entstanden zu sein – vielleicht brauchen wir diese Tiere noch auf eine ganz andere Art und Weise? Petra Landsberg erzählt, dass viele Leute immer wieder kommen, eine Teilnehmerin hat bereits elf Eselwanderungen mitgemacht. Großmeister der Verlangsamung sind Esel auf jeden Fall.

FAZIT: ESEL SIND FREUNDLICHE WEGGE-
FÄHRTEN, TRAGEN OHNE MURREN DAS
GEPÄCK. ES GESCHIEHT ABER NOCH MEHR.
SIE LASSEN UNS TEILHABEN AN IHREM
RHYTHMUS UND DAS TUT EINFACH GUT.

FELS UND WASSER

≥ ... auf dem Eifelsteig von Kornelimünster nach Trier ≤

#42

Für alle, die Herausforderungen lieben, ist der Eifelsteig einer der beliebtesten Weitwanderwege. 15 Etappen bieten an ebenso vielen Tagen jeweils neue, oft überraschende Aspekte der Eifel. Low-Budget-Wandern abseits der Komfortzone ist dabei ebenso möglich wie gepäckfreies Wandern mit Rundum-Versorgung.

Ob aus Kalk (wie hier in den Gerolsteiner Dolomiten), vulkanischem Basalt, Schiefer oder Sandstein – auf Felsen trifft man überall in der Eifel.

Als Erstes stellt sich die Frage, ob man die 313 Kilometer an einem Stück gehen oder beispielsweise auf Wochenenden verteilen möchte – beides ist möglich. Was spricht für die erste Variante? Das Gefühl, so richtig weg zu sein, entwickelt sich schnell und bleibt bestehen. Die Planung mit Anfahrt und Rückfahrt ist deutlich einfacher. Der Körper gewöhnt sich an die langen Wegstrecken. Ein individueller Geh- und Tagesrhythmus stellt sich ein. Das klingt banal, hat aber eine angenehm entschleunigende Wirkung. Die Landschaft wandelt sich kontinuierlich, sozusagen in »Gehgeschwindigkeit« – auch das ist sehr angenehm. Die Erfahrung zeigt, dass ein oder zwei Tage Wanderpause nach der Hälfte der Tour sinnvoll sind.

Blumen am Wegrand, Dreiborner Hochfläche (links). Monschau im Tal der Rur (rechts).

Eine Verteilung auf Wochenenden hat ebenfalls Vorteile. Es ist nicht notwendig, dafür Urlaub zu nehmen, man kann die Wochenenden übers Jahr verteilen und gewinnt dadurch einen zusätzlichen Erlebniswert. Und bei schlechtem Wetter können die Touren auch verschoben werden.

Manche, die den Weg schon einmal bewältigt haben, entscheiden sich dazu, ihn ein weiteres Mal zu gehen – dann zur Abwechslung von Süden nach Norden. Auch das ist eine Möglichkeit. Es ist sehr eindrucksvoll, wie sich die Landschaft auf den 313 km verändert! Vom rauen Venn, durch tiefe, einsame Täler, über

Hin & Weg: Mit der Buslinie 35 oder 135 oder dem Rheinlandbus 66 bis Haltestelle Kornelimünster, Napoleonsberg. 250 m Fußweg zum Start in Kornelimünster bei Aachen, auf dem schönen Korneliusmarkt.

Beste Zeit: Besonders schön im Frühling und Herbst. Die Tage sind noch kurz und die Morgen- und Abendstimmungen zauberhaft.

Dauer & Strecke: 15 Tage für die gesamte Strecke (Genießer brauchen länger), 313 km. Lässt sich auch gut in Wochenendetappen unterteilen.

Ausrüstung: Gut eingelaufene Wanderschuhe, Karte, GPS-Gerät, Stirnlampe, Packlisten gibt's im Internet. Evtl. Proviant, auf manchen Abschnitten gibt es keine Einkehr- oder Einkaufsmöglichkeit.

Wenn es Nacht wird: Für jede Etappe die passende Unterkunft auf www.eifelsteig.de oder www.eifelsteig-unterkunft.de.

Übrigens: Neben www.eifelsteig.de bietet www.ich-geh-wandern.de/eifelsteig viele weitere Informationen zu den einzelnen Etappen.

Schottische Hochlandrinder fühlen sich wohl in der Eifel.

Wacholderheiden und schroffe Kalkfelsen, führt der Weg weiter zu Vulkanlandschaften und pittoresken Buntsandsteinfelsen in der Südeifel. Die Angebote rund um den Eifelsteig werden immer umfassender. So gibt es zum Beispiel einen Eifelsteig-Wanderbus (Linie 770) speziell für Wochenendwanderer oder Wandern-ohne-Gepäck-Angebote. Einige Eifelsteig-Gastgeber bieten die Möglichkeit von einem Standort aus mehrere Etappen des Eifelsteigs zu wandern, inklusive Bring- und Abholservice zum Eifelsteig. Partnerwege ergänzen das Angebot, sodass auch Rundwege möglich sind. Umfassende Informationen sind zu finden auf www.eifelsteig.de.

Die Länge der einzelnen Etappen ist für geübte Wanderer gut zu bewältigen. Sehr wichtig ist, neue Schuhe vorher »einzulaufen«. Wenn sie auch nur ein bisschen zu klein sind oder irgendwo drücken, kann das zu großen Problemen führen.

Wie auch immer man sich entscheidet, die gesamte Strecke ist ausgezeichnet zusammengestellt! Als Premium-Wanderweg erfüllt der Eifelsteig bestimmte Qualitätskriterien und man kann sich darauf verlassen, dass ein Großteil der Strecke auf echten Pfaden verläuft. Die gute Ausschilderung trägt auch zum entspannten Wandergenuss bei.

FAZIT: DER EIFELSTEIG IST BESTENS ORGANISIERT. WER MÖCHTE, KANN VON HEUTE AUF MORGEN EINFACH LOSWANDERN. DAS EIGENTLICHE ABENTEUER IST DIE GANZ PERSÖNLICHE BEGEGNUNG MIT DER LANDSCHAFT.

PILGERN AUF PROBE

 ... zwei Tage auf dem Jakobsweg

Viele spielen mit dem Gedanken, den Jakobsweg zu gehen. Doch ist man der Anstrengung auch körperlich gewachsen? Ist die Ausrüstung geeignet? Zwei Probetage auf der Strecke können wertvolle Erfahrungen bieten und Entscheidungen erleichtern.

#pilgrimlife #Wanderschaft #freeyourmind

→ MINIURLAUB...

Wichtig bei einer Pilgerfahrt: der Stempel.

Was unterscheidet das Pilgern vom Wandern? Beides hat schließlich mit Zu-Fuß-Gehen zu tun, mit Naturerfahrungen, dem Rhythmus des Gehens und damit der Rückkehr zu einer langsamen, aber typisch menschlichen Geschwindigkeit. Viele gehen den Jakobsweg heute nicht mehr aus religiösen Gründen. Die Suche nach dem »Weg« im weitesten Sinn verbindet sie jedoch alle. Mit einer Pilgerschaft verbindet sich immer die Hoffnung, dass aus einer äußeren Bewegung eine innere Veränderung wird. Abstand gewinnen, Orientierungssuche, der Wunsch nach Selbstfindung und spirituellen Erlebnissen treffen beim Pilgern auf eine intensive körperliche Erfahrung.

Ein Zweig des Jakobswegs führt auf 96 Kilometern von Köln nach Trier quer durch die Eifel. Für ein Wochenende Probepilgern eignet sich der Abschnitt zwischen Bad Münstereifel und Kronenburg bestens. Übernachtet wird in Blankenheim.

Wenn man direkt Abstand zum Alltag gewinnen will, reist man bereits am Abend vorher nach Bad Münstereifel an. Dieses ist durch das City-Outlet besonders am Samstag eine sehr lebhafte Stadt. Danach führt der Jakobsweg durch Wälder und weite Flächen tief hinein in die Eifel. Und es wird still und ruhig.

Bei der einsam gelegenen Ahekapelle im Genfbachtal gibt's zum ersten Mal einen Pilgerstempel für den Pilgerausweis. Dieser ist ein Nachweis für den zurückgelegten Weg und ermöglicht die Übernachtung in Pilgerherbergen. Wo man die jeweiligen Pilgerstempel erhält, erfährt man durch Aushänge bei den Pfarreien.

Vor Blankenheim führt der Weg auf einer alten Römerstraße durch ein ausgedehntes Waldgebiet – eine schnurgerade Strecke und eine interessante Erfahrung! In Blankenheim wartet ein schönes historisches Stadtzentrum auf die Pilger. Der Jakobsweg geht direkt an der

Hin & Weg: Schienenersatzverkehr, aktuelle Verbindung auf www.vrsinfo.de. Rückfahrt von Kronenburg mit dem Taxibus 834 ab Haltestelle Kronenburg Oben bis Bahnhof Dahlem, danach aktuelle Verbindung auf www.vrsinfo.de.

Beste Zeit: Frühling, Sommer, Herbst.

Dauer & Strecke: 1 Wochenende, 1. Tag: 4–5 Std., 21 km. 2. Tag: 5–6 Std., 22,5 km. Karte und Download auf www.jakobswege-europa.de/wege/koeln-metz.htm

Ausrüstung: Festes Schuhwerk; so viel wie nötig, so wenig wie möglich.

Wenn es Nacht wird: einfache, typische Pilgerherbergen auf www.wewers.biz/Jakobsweg/Jakobsweg-Koeln-Trier, mehr Komfort in regionalen Hotels.

Übrigens: Den Pilgerausweis gibt es bei den Santiago-Freunden Köln (www.santiagofreunde.de).

Die Ahr entspringt mitten in Blankenheim, im Keller eines Hauses. Stempelstation in Kronenburg (links). Der alte Ortskern von Kronenburg.

die Pilger. Der Jakobsweg geht direkt an der Ahrquelle vorbei. Sie entspringt mitten in der Altstadt, im Kellergewölbe eines Hauses.

Am nächsten Tag geht es weiter über einsame Höhenrücken und tiefe Täler. Ziel des Tages ist Kronenburg. Der alte Ortskern oben bei der Burg wird gerne als Perle des Oberen Kylltals bezeichnet. Die Häuser sind sehr sorgfältig und liebevoll restauriert und es gibt einige Möglichkeiten zur Einkehr. Von der Ruine der Burg aus genießen Probepilger zum Abschluss noch den herrlichen Blick über die Landschaft.

FAZIT: WER PILGERT, IST BEREIT, SICH AUF ETWAS NEUES EINZULASSEN UND ÄNDERUNGEN IM LEBEN ZU AKZEPTIEREN.

MITTEN IN DER NATUR AUFWACHEN

=ͦ ... Eifeltrekking, ganz legal ͦ=

#44

Auf Trekking-Tour durch die Landschaft ziehen, unter freiem Himmel zelten, fern von allem und allen. Das ist seit kurzer Zeit auch in der Eifel möglich – und zwar ganz legal. Das Angebot hat sich zu einem stillen Renner entwickelt.

Bei jeder Plattform ist ein Tisch mit Sitzgelegenheit und Platz für zwei Zelte (links). Luxus pur beim Eifeltrekking – eine warme Mahlzeit und eine Toilette (rechts).

rand aus, bietet sich ein wunderbarer Blick über die weite, hügelige Landschaft mit ihren Getreidefeldern, Wiesen und Wäldern.

Wer die Wahl hat, hat die Qual – das gilt auch für die Entscheidung, welcher Trekkingplatz es sein soll für die Nacht unter freiem Himmel. Dieser hier punktet mit einer großartigen Aussicht. Ein anderer ist von einem Bahnhof aus schnell erreichbar und damit ideal für ein »Micro Adventure« nach Feierabend, ein weiterer befindet sich mitten in einem Buchenwald. Und im Sternenpark stehen die Chancen gut, einen funkelnden Sternenhimmel zu erleben. Für alle Plätze gilt, dass sie einsam und mitten in der Natur liegen. Und dank der Plattform aus Holz ist der Untergrund trocken, eben, ameisen- und zeckenfrei. Jeder Naturcampingplatz hat Platz für zwei Zelte, es ist aber auch möglich, die Plattform ganz für sich alleine zu buchen. Allerdings sind – wen wundert's? – die Wochenenden schnell ausgebucht!

Eines der beeindruckendsten Erlebnisse beim Naturcamping sind die nächtlichen Geräusche. Mit der Dämmerung verstummen die vertrauten Vogelstimmen. Andere, weniger bekannte Laute sind zu hören und mischen sich mit dem leisen Rauschen der Blätter. Nur wenige ferne Geräusche erinnern an Menschen. Das Gehör scheint hier in der Wildnis feiner zu werden. Das ist spannend, aber zunächst nicht gerade schlaffördernd. Doch irgendwann hat man sich daran gewöhnt und gleitet hinüber in den Schlaf. Für den Weckruf am nächsten Tag sorgt ein wahres Vogelkonzert.

Es beginnt wie eine geheime Schatzsuche. Nach der Anmeldung erhält man einen Plan mit den GPS-Daten, ebenso eine Wegbeschreibung mit Fotos und der Aufforderung, diese Daten nicht an Dritte weiterzugeben. Der Ausgangspunkt liegt auf einem bekannten Wanderweg (genauere Daten gibt's erst nach der Anmeldung für einen der Trekkingplätze). Es geht bergauf und es ist unglaublich heiß in dem windstillen Tal. Mit den Wegverzweigungen verlieren sich die Markierungen, bis schließlich ein kleiner, unscheinbarer Trampelpfad zum Ziel führt – eine Plattform aus Brettern mit Tisch und Bank. Der leichte Wind hier oben wirkt wie eine Erlösung. Angekommen! Erst jetzt, nachdem wir uns ein bisschen umgeschaut und uns mit dem Ort bekannt gemacht haben, fällt uns auf, warum der Trekkingplatz Land in Sicht heißt: Hier, vom Wald-

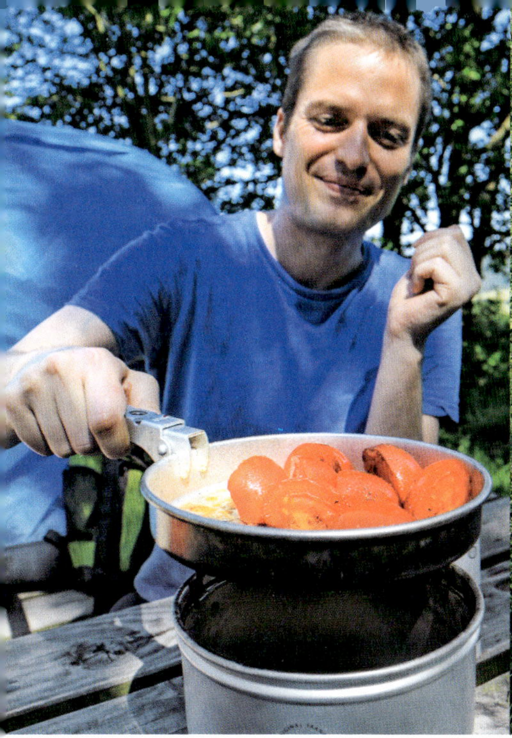

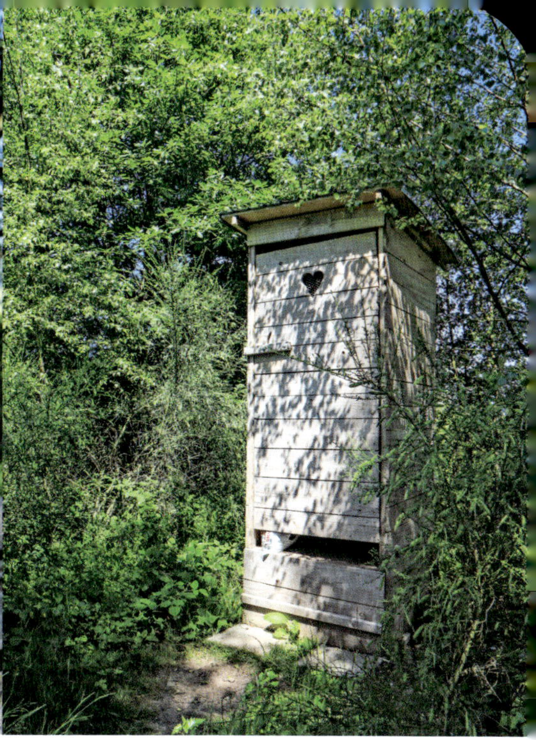

FAZIT: MIT RUCKSACK UND ZELT LOSZIEHEN, HINEIN IN DIE NATUR UND AM NÄCHSTEN MORGEN DORT AUFWACHEN. ABENTEUER INBEGRIFFEN.

Hin & Weg: Startpunkt sowie alle weitere Daten gibt's nach der Anmeldung auf www.trekking-eifel.de

Beste Zeit: Hängt vor allem von der Trekking-Ausrüstung ab.

Dauer: Max. 2 Nächte auf einem Platz. Einen Vorschlag für eine Tour mit 3–4 Übernachtungen gibt's auf der Website von Trekking-Eifel.

Ausrüstung: Trekkingausrüstung, reichlich Zeltschnüre zum Anbinden des Zelts, Wasser, Proviant.

Wenn es Nacht wird: Offenes Feuer & Grillen sind tabu. Wegen Waldbrandgefahr sollten auch nur flammenlose Kochsysteme verwendet werden.

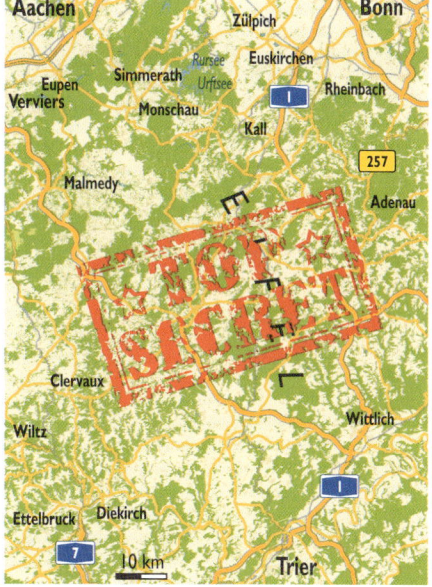

IMMER AM FLUSS ENTLANG

 ... Wanderung im Ourtal

#45

Flussliebhaber aufgepasst: Im Tal der Our kann man nicht nur am Fluss entlangwandern, sondern auch in unmittelbarer Nähe des Wassers übernachten. Wenn das kein Versprechen ist!

#Perlen #europäisch #amazingplace #ausfluginsgrüne #Flusslandschaft 191

Das Tal der Our gehört zu den noch unbekannten und unerkannten Perlen der Eifel. Wunderbar ruhig, idyllisch, abwechslungsreich und herrlich untouristisch. Vielleicht liegt es einfach daran, dass es keine Autostraße gibt, die das Flüsschen begleitet. Ein großes Glück für alle, die den Charme dieser abgeschiedenen Landschaft zu schätzen wissen! Da liegt es doch nahe, auch die Nacht so naturnah wie nur möglich zu verbringen. Abends den leisen Wassergeräuschen und dem Wind in den Bäumen lauschen und morgens mit dem Zwitschern der Vögel aufwachen – das bietet nur eine Übernachtung im Zelt. Der Campingplatz Tintesmühle im Ourtal ist der ideale Ausgangspunkt für die beiden Wanderrouten Nat'Our Route 1 und 2. Die erste führt entlang der Our nach Norden, die zweite folgt dem Fluss nach Süden.

Früher gab es viele Mühlen entlang der Our. Manche haben, wie die Tintesmühle, eine neue Bestimmung erhalten. In der Kalborner Mühle wurde eine Aufzuchtstation für Fluss-

Hin & Weg: Start für beide Touren auf der Ourbrücke an der K 148 / CR 339, Dahnen. Campingplatz Tintesmühle: Heinerscheid, Tintesmühlen.

Beste Zeit: Sommer.

Dauer & Strecke: 1 Wochenende, Nat'Our Route 1: 3 Std., 13 km. Nat'Our Route 2: 4,5 Std., 17,5 km.

Ausrüstung: Wanderschuhe, Zeltausrüstung. Weitere Infos zu Nat´our Route 1 und 2 auf www. naturwanderpark.eu/wanderwege

Sonst noch wichtig: Proviant für unterwegs am besten schon von zuhause mitnehmen.

Wenn es Nacht wird: Campingplatz Tintesmühle www.campingtintesmuehle.lu. Frühstück nach Absprache im Café auf dem Campingplatz. Angelfreunde können dort auch einen Angelschein erhalten.

Naturbelassene Flussauen mit vielen Wiesenblumen entlang der Our (links). Die Rellesmühle ist eine der vielen ehemaligen Mühlen der Region (oben). Der Fingerhut blüht Ende Juni/Anfang Juli.

perlenmuscheln eingerichtet. Einst spielte die Perlenfischerei in der Our eine wichtige Rolle. Doch sie waren, ähnlich wie im Perlenbachtal bei Monschau, so begehrt, dass es schließlich kaum mehr Perlenmuscheln gab.

Man merkt es kaum, aber beide Routen sind grenzübergreifend. Denn genau in der Mitte der Our verläuft die Grenze zwischen Deutschland und Luxemburg. Beide Wanderungen führen auf der einen Seite hin und auf der anderen Seite zurück. Am Endpunkt der ersten Wanderung, mitten auf der Georges-Wagner-Brücke, hat man die Gelegenheit dazu, in drei europäischen Ländern gleichzeitig zu stehen. Das belgische Ouren ist auf einem Abstecher schnell erreichbar und hier lässt sich die belgische Küche genießen. Sie ist immer einen kleinen Umweg wert, etwa zu den Restaurants Dreiländerblick oder Rittersprung (www.hotel dreilaenderblick.be und www.rittersprung.be).

Die zweite Wanderung hat ihren Wendepunkt am Grenzübergang bei Dasburg, bei einer viel besuchten luxemburgischen Tankstelle mit einem Schnellrestaurant. Verständigungsprobleme existieren nicht, denn sowohl hier als auch in Ouren wird Deutsch gesprochen.

FAZIT: WANDERN UND SCHLAFEN – UND DAS IMMER IN FLUSSNÄHE – GEHT FAST NIRGENDWO BESSER.

FIT UND ZUFRIEDEN

.... Radfahren und Wandern bei Gemünd

#46

*Mit einer leichten Radtour in einer
schönen Umgebung den Kreislauf in
Schwung bringen, am nächsten Tag auf
dem Wildnis-Trail durch den Nationalpark
wandern und abends die Vorzüge eines
kleinen lebendigen Städtchens genießen.
Wer so aktiv durchs Wochenende geht,
bleibt fit und zufrieden.*

#Kermeter #Urwald #WildnisTrail #Urftseeroute #sportlich #schönhier

Links blüht der Wasserdorst, rechts sprießen Baumpilze.

Ausgangspunkt für beide Touren ist Gemünd, eine kleine Stadt am Rande des Nationalparks. Im Nationalpark-Tor kann man von Ostern bis Allerheiligen Trekkingräder und E-Bikes ausleihen.

Der Samstag gehört dem Urft-Radweg, einem der beliebtesten Radwege der Eifel: autofrei, links und rechts nur Natur, fast ohne Steigung und immer an der Urft entlang. Nach und nach wird der Fluss zu einem Stausee. An der tiefen Staumauer gibt's einen Imbiss oder eine Erfrischung. Wer will, macht auf dem Rückweg einen Abstecher über die Victor-Neels-Brücke nach Vogelsang IP, der ehemaligen NS-Ordensburg Vogelsang. Der Weg ist asphaltiert und nur einen Kilometer lang, geht aber mit 16 Prozent Steigung ordentlich bergauf. Je nach Wetter tut danach ein Besuch im Gemünder Freibad gut.

Oder sind jetzt die Outdoor-Fitness-Geräte im Kurpark das Richtige? Auch für hungrige Mägen ist gesorgt. Ob Parkrestaurant oder Brauhaus, Chinarestaurant oder Pizzeria – Gemünd bietet eine große Auswahl an Einkehrmöglichkeiten, um den Tag angenehm abzuschließen, und auch an Unterkünften herrscht kein Mangel.

Am nächsten Tag brechen Wanderer am besten früh am Morgen auf, denn die Strecke ist durchaus eine Herausforderung. Vom Nationalpark-Tor aus führt der Weg T7 (lang) durch den Wald hinauf zur kleinen Ortschaft Wolfgarten. Dann geht es weiter auf dem Wildnis-Trail in den riesigen Wald des Kermeter. Man spricht zwar ab und an von der Stille im Wald, doch eigentlich ist es im Wald nie still. Das sanfte Rauschen der Bäume ergibt zusammen mit

Der Urft-Radweg, einer der beliebtesten Radwege der Eifel.

den nahen und fernen Vogelstimmen eine Art Waldgeflüster. Nie monoton, nie langweilig, immer angenehm. Der Kermeter soll sich nach und nach zu einem Urwald entwickeln, der schließlich sich selbst überlassen wird.

Eine Zwischenstation auf der Tour ist das einsam gelegene Trappistenkloster Mariawald mit Klosterladen und Gaststätte. An Wochenenden hält hier die Buslinie 231, die Gemünd mit Heimbach verbindet. Tief unten im Tal trifft man auf das Staubecken Heimbach. Manchmal, wenn es windstill ist und die Wasserfläche ganz glatt, lassen sich hier schöne Wasserspiegelungen beobachten.

Heimbach ist ein kleines Städtchen mit mehreren Möglichkeiten zur Einkehr. Von hier aus fährt der Rheinlandbus nach Gemünd zurück. Oder man tritt vom Bahnhof Heimbach aus direkt die Heimreise an.

Hin & Weg: Startpunkt ist das Nationalpark-Tor Schleiden-Gemünd, Kurhausstr. 6, Schleiden-Gemünd. Gemünd ist erreichbar mit den Buslinien 231, 829, SB81 und SB82.

Beste Zeit: Frühling, Sommer, Herbst.

Dauer & Strecke: 1 Wochenende. 1. Tag: Radweg 12 km. 2. Tag: Tour 23 km.

Sonst noch wichtig: Registrierte Nutzer können über www.nextbike.de/eifel-ebike/de/ in Gemünd in Gemünd E-Bikes ausleihen. Rückfahrt ab Heimbach mit der Buslinie 231. Kostenlose Parkplätze ohne Zeitlimit hinter dem Kurhaus. Vielleicht auch interessant: dreistündige kostenfreie Rangerführung jeden Samstag, Treffpunkt 10.30 Uhr am Nationalpark-Tor Gemünd.

Wenn es Nacht wird: Hotel Friedrichs: komfortables, modernes Hotel mit langer Tradition, Sauna und Infrarot-Wärmekabine www.hotel-friedrichs. de oder andere Unterkunft suchen unter www. schleiden.de

---

FAZIT: EIN GUTES RAD- UND WEGENETZ, AUSGEZEICHNETE AUSSCHILDERUNG, INTERESSANTE TOURENZIELE, GUTE INFRASTRUKTUR — GEMÜND IST EIN IDEALER AUSGANGSPUNKT FÜR UNTERNEHMUNGEN!

ALLES EIFEL, ODER?

 ... Länderhopping bei Aachen

#47

Hier zeigt sich Europa von seiner besten Seite: Man verträgt sich und pflegt zugleich die Unterschiede. Genau diese Vielfalt macht den Reiz des Dreiländerecks bei Aachen aus. Erstaunlich, wie verschieden die Ortschaften und Vorlieben bereits in direkter Nähe der Grenzen sind! Wen kümmert es da, ob da alles im engen Sinn »Eifel« ist ...

#Wanderparadies #Frittenliebe #samesamebutdifferent

Drei Grenzsteine auf dem Dreiländerpunkt.

HOOGSTE PUNT
VAN
NEDERLAND
322 MTR.
BOVEN A.P.

Vor allem ländlich, dünn besiedelt, hügelig, etwas höher gelegen – so lässt sich die Eifel gut beschreiben. Diesen Naturraum gibt es aber nicht nur in Deutschland, das Rheinische Schiefergebirge ist viel größer. Nur heißt es auf belgischer Seite Ardennen und in den Niederlanden werden die Ausläufer Heuvelland genannt – mit leichter Ironie auch »niederländische Alpen«. Doch was unterscheidet oder verbindet die drei Regionen?

Auf dem Vaalserberg, der südwestlich von Aachen liegt, treffen sich Belgien, die Niederlande und Deutschland auf 323 m Höhe im Dreiländerpunkt und damit begegnen sich hier auch Eifel, Ardennen und das südlimburgische Heuvelland.

Für die Niederlande hat der »Drielandenpunt« eine besondere touristische Bedeutung, schließlich ist er der höchste Punkt des Landes und schon allein dadurch eine große Attraktion. Cafés, Restaurants, ein großer Spielplatz, ein Labyrinth aus Hecken und ein Skywalk in 34 Metern Höhe auf dem Wilhelminaturm steigern die Anziehungskraft. Ganz Holland liebt Südlimburg als gut organisiertes Wanderparadies. An Wochenenden scheinen die kleinen Sträßchen rund um den Vaalserberg und das Göhltal den Radfahrern zu gehören. Die Limburger gelten im eigenen Land als Feinschmecker und Genießer. Spezialität Nr. 1 ist der Limburger Vlaai, ein knapp 30 Zentimeter großer, flacher Kuchen mit einem Boden aus Hefeteig und unterschiedlichen Obstfüllungen.

Die Liebe zur Fritte teilen alle. Mancherorts finden sich hübsche alte Fachwerkhäuser.

In Belgien heißt der Dreiländerpunkt »Trois Bornes« und spielt touristisch eine eher beiläufige Rolle. Schließlich sind die gesamten Ardennen ein großes, hügeliges Waldgebiet. Die Einheimischen schätzen Individualität, ein gewisses *Laissez-faire* und verstehen ebenfalls eine Menge von gutem Essen. So gibt es hier abseits der Touristenströme einige feine, kleine, inhabergeführte Restaurants. Weit über die Grenzen hinaus sind belgische Reisfladen berühmt. Biertrinker freuen sich über das vielseitige Angebot aus den zahlreichen lokalen Brauereien. Und Pommes frites wurden nicht nur in Belgien erfunden, sie sind auch noch heute eine Art Nationalspeise. Täglich frisch zubereitet und in Rinderfett gebrutzelt, sind sie zwar nichts für Vegetarier, aber eben besonders saftig und zugleich knusprig.

Hin & Weg: Parkplatz am Dreiländerpunkt.

Beste Zeit: Zu jeder Jahreszeit eine Reise wert. Aber wie wäre es im Herbst?

Dauer und Strecke: 1 Wochenende.
1. Tag: Rundfahrt mit dem Auto oder Rad (24 km) mit vielen Gelegenheiten einen Kaffee bei schöner Aussicht zu genießen oder einen kleinen Spaziergang zu machen: Wilhelminaturm – Gemmenich – Sippenaeken – vorbei an Camerig – Waldgebiet Vijlenerbosch – Vaalsbroek – Wilhelminaturm.
2. Tag: Wanderung auf der Grenzroute 4 ab Baudoin-Turm (11 km), dann Stadtbesuch Aachen (www.grenzrouten.eu).

Wenn es Nacht wird: Schlafen in alten Fachwerkhäusern: www.la-belle-maison.eu (Belgien), www.benbbijtantetoos.nl (Niederlande); Naturcamping im Göhltal (Belgien) (www.natur-aachen.de).

Sonst noch wichtig: Badesachen für die Carolus Thermen in Aachen mitnehmen (www.carolus-thermen.de).

Der deutsche Teil des Dreiländerecks kann mit Aachen und vielen kulturellen Veranstaltungen punkten, auch wenn man sich hier als lebendige Universitäts- und Kaiserstadt sieht und weniger als Eifelstadt. Nicht nur der Dom (UNESCO-Weltkulturerbe) und die historische Altstadt sind einen Besuch wert, auch die außergewöhnliche Kneipendichte trägt zum interessanten und dynamischen Stadtbild bei. Als lokale Spezialität werden Aachener Printen das ganze Jahr über angeboten, falls nötig saisonal schon mal in Form von Osterhasen. Es regnet? Dann bietet sich ein Besuch der Carolus Thermen oder in einem Museum an.

Doch egal, ob Niederlande, Belgien oder Deutschland: Am Dreiländerpunkt starten viele gut ausgeschilderte Wanderrouten, so auch die Grenzroute 4. Start ist beim aktuell nicht begehbaren, belgischen Balduin-Turm (Baudointurm). Der Weg führt nach Nordosten durch ein landschaftlich und geschichtlich sehr interessantes, abwechslungsreiches Gebiet. Eine Einkehrmöglichkeit gibt es in der Waldschenke, auf der Hälfte der Strecke. Sprachprobleme? Sowohl auf niederländischer als auch belgischer Seite wird hier Deutsch gesprochen. Andersrum ist durchaus noch Potenzial, die schönen Sprachen unserer Nachbarländer zu lernen.

FAZIT: DIE REGIONALEN UND KULTURELLEN VERSCHIEDENHEITEN SIND DER TRUMPF DES DREILÄNDERECKS!

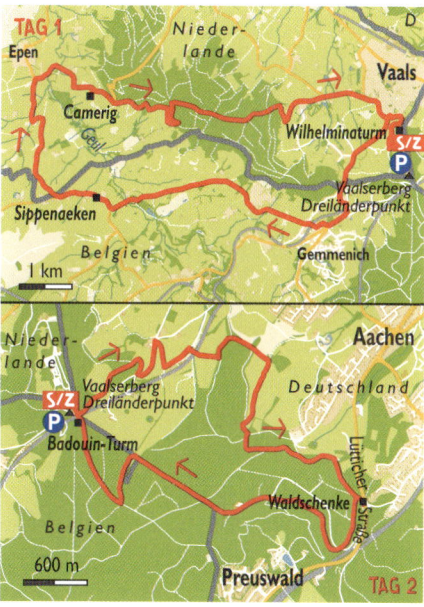

NACHT- LEBEN IN DER EIFEL

$\succeq$ ... Sternenwanderung in Deutschlands erstem Sternenpark $\preceq$

Manche Dinge sollte man einfach öfter tun – zum Beispiel in den nächtlichen Sternenhimmel schauen. In der Stadt: nicht so einfach. Zu viel Kunstlicht verschleiert hier den Blick. Ganz prima dagegen im Sternenpark Nationalpark Eifel, wo der Nachthimmel ganz großes Kino bietet.

#Milchstraße #Sternschnuppen #Astronomie #Geisterdorf

Das orangefarbene Licht am Himmel stammt von der Straßenbeleuchtung. Es ist eine Art Lichtsmog und sogar hier im Sternenpark zu beobachten.

Es ist tiefe Nacht im Nationalpark Eifel, die Uhr sagt 23.30 Uhr. Das Auto muss etwa 500 Meter vor dem Treffpunkt abgestellt werden. Kein Scheinwerferlicht soll die Dunkelheit stören. Ohne die Autoscheinwerfer sieht man zunächst rein gar nichts; schwarze Nacht ringsum. Spannend, wenn man sich nur darauf verlassen kann, was einem die Füße rückmelden: Teerstraße, Kies, Gras, zurück zum Kies. So lässt sich der Fußweg finden und ganz allmählich gewöhnen sich auch die Augen an das Dunkel. Zuerst zeichnen sich die Bäume gegen den Himmel ab, dann erkennt

man kleine, rote Lämpchen und hört Stimmen – da sind also die anderen aus der Gruppe, die sich zu einer Sternenwanderung hier eingefunden haben.

Die kleinen roten Lämpchen gehören zu einem großen Teleskop im Freien. Harald Bardenhagen, der die Sternenwanderung leitet, hat die Gruppe schon vorab über das rote Licht informiert. Es ist die einzige Lichtquelle, die die Nachtsicht nicht beeinträchtigt. Jetzt, nach 20 Minuten in der Dunkelheit, ist schon deutlich mehr zu erkennen als ganz am Anfang.

Die Wolken am Horizont haben eine orange-rote Färbung, hervorgerufen durch die Straßenbeleuchtung und typisch für den Himmel über größeren Städten. Bardenhagen spricht von den Schattenseiten der künstlichen Beleuchtung und davon, wie er gemeinsam mit der Nationalparkregion Eifel das Schutzgebiet für den Sternenhimmel einrichtete. Heute ist der Sternenpark einer der wenigen Orte in Deutschland, von dem aus man die Milchstraße noch mit eigenen Augen sehen kann.

Während die Umgebung noch immer düster und undeutlich erscheint, richtet sich der Blick nach oben zu den Sternen, die über den Himmel wandern (daher der Name Sternenwanderung). Das Gefühl, an der unendlichen Weite des Universums teilzuhaben, an seiner Schönheit, Klarheit und Ordnung, stellt sich ein. Jeder aus der Gruppe darf durch das

Teleskop blicken, wenn gewünscht auch auf das persönliche Sternbild. Ein geradezu magischer Moment!

Ganz nebenbei vermittelt der Guide spannende Informationen. So zum Beispiel, dass die Zeiteinheiten von Stunden, Tagen, Jahren um die Einheit Lichtjahre erweitert wurden. Ein Lichtjahr ist die Strecke, die das Licht in einem Jahr zurücklegt: 9,461 Billionen Kilometer. Unsere Galaxie, die Milchstraße, hat einen Durchmesser von 100 000 Lichtjahren, gefühlte 100 000 Unendlichkeiten …

Am nächsten Tag kann man Vogelsang IP besichtigen und einen Ausflug zum Geisterdorf Wollseifen machen (fünf Kilometer) oder hinunter zur Urfttalsperre – ein kurzer, aber steiler Weg mit beeindruckender Aussicht (2,6 Kilometer).

Je länger man in den dunkelblauen Sternenhimmel blickt, umso mehr scheint er aus lauter kleinen blinkenden Punkten zu bestehen. Bei einem Ausflug am nächsten Tag beeindruckt die Urfttalsperre – auch ohne Sternenhimmel.

Hin & Weg: Parken beim Kreisverkehr vor der Einfahrt zu Vogelsang IP oder kostenpflichtig am Ende der Zufahrt. Die Sternwarte liegt etwa auf halber Strecke der Zufahrt. Busverbindung: Linie 63 oder SB 82, Haltestelle Vogelsang IP Schelde. Rückfahrt mit Nicki's Taxi, Tel. 02444 2895, Nachtfahrten vorab anmelden.

Beste Zeit: Ganzjährig (aber nur bei klarem Himmel, deshalb muss der Termin manchmal verschoben werden). Anmeldung bei der Astronomie-Werkstatt Sterne ohne Grenzen unter www.sterne-ohne-grenzen.de

Dauer: 2 Std. (Sternenwanderung).

Ausrüstung: Warme Kleidung, Taschenlampe mit rotem Licht.

Wenn es Nacht wird: Übernachtungen vor Ort mit unterschiedlichem Komfort-Level auf vogelsang-ip.de/de/uebernachten.html

Nicht vergessen: Vor der Sternenwanderung unbedingt den sehnlichsten Wunsch zurechtlegen, die Wahrscheinlichkeit, eine Sternschnuppe zu sehen, ist hoch!

FAZIT: ABSOLUT LOHNEND! FÜR JENE, DIE BLOSS DEN »GROSSEN WAGEN« KENNEN, ALS AUCH FÜR HOBBY-ASTRONOMEN.

VON DER QUELLE BIS ZUR MÜNDUNG

... auf dem Kyll-Radweg

#49

Passionierte Radfahrer, die das Radeln um des Radelns willen lieben, genießen die Schönheit der Landschaft vom Drahtesel aus. Immer in Begleitung der sanft rauschenden Kyll. Unterwegs gibt es so viel Interessantes zu entdecken, dass es leicht für eine Woche Urlaub reichen würde.

#Flusslandschaft #baden #Eishöhlen #Buntsandsteinfelsen #rausundmachen

Rast bei der historischen Wassermühle Birgel.

Das erste Highlight auf der Route ist Kronenburg mit seinem zauberhaften historischen
Ortskern, über dem eine Burgruine thront.
Die Kyll ist hier zu einem See angestaut – und
im Sommer kann man dort eben mal ein erfrischendes Bad nehmen. Ab Jünkerath begleitet die Bahnlinie Köln–Trier den Radweg.
Auf der Strecke zwischen Jünkerath und der
Mündung der Kyll in die Mosel bei Ehrang gibt
es 9 Bahnstationen im Kylltal. Perfekt für eine
flexible Anpassung der Tour an die individuel-
len Bedürfnisse. Wiesen und Wälder in einer
offenen, weiten Hügellandschaft bestimmen
zunächst den Charakter der Region. Ein guter
Stopp und ein beliebtes Ausflugslokal ist die
historische Wassermühle in Birgel. Bei Gerol-

In der Altstadt von Kronenburg.

stein wird es dramatischer: Schroff ragen die Gerolsteiner Dolomiten auf und die Vulkaneifel zeigt sich mit ihren typischen Bergkegeln. Selbstverständlich wird der Durst hier stilvoll mit dem berühmten Gerolsteiner Mineralwasser gelöscht!

Birresborn ist bekannt für seine Eishöhlen, die ihre Entstehung dem Umstand verdanken, dass aus dem vulkanischen Basaltgestein Mühlsteine geschlagen wurden. Die Temperatur in den Höhlen liegt konstant zwischen minus einem und plus vier Grad. Im Winter bilden sich darin Eiszapfen, die manchmal bis in den Sommer hinein halten. Vom Bahnhof Birresborn sind es 35 Gehminuten zu den Höhlen.

Nun wird das Tal immer enger, die Hänge sind dicht bewaldet und steil. Die Kyll umfließt einen schmalen Bergrücken, auf dem die Altstadt von Kyllburg liegt. Eigentlich besteht sie nur aus der Stiftstraße. Dicht an dicht stehen hier die einfachen Häuser, alles wirkt wie aus dem 18. Jahrhundert, sehr hübsch und dabei völlig untouristisch. In der Unterstadt dagegen finden sich einige Hotels und Gaststätten, und auch eine typische regionale Spezialität lässt sich hier genießen: der Batralzem, ein Magenbitter mit Wermut. Von Kyllburg aus geht es dann sportlich bergauf: 150 Meter Steigung auf zwei Kilometern oder alternativ eine Station mit der Eisenbahn, die im Stundentakt fährt.

Leichtes Augenbrennen vom Radfahren? In der Wallfahrtskirche von Auw an der Kyll gibt es einen großen Weihwasserbehälter mit Augenwasser und daneben stehen kleine Fläschchen zum Abfüllen. Die dazu passende Sage von drei geretteten Jungfrauen ist auf einem Schild bei der Bahnstation nachzulesen. Sehr erfrischend ist hier auch eine Rast im Alten Pfarrhaus.

In Kordel könnte man auch sehr gut einen ganzen Tag verbringen und interessante Höhlen, fantastische Buntsandsteinformationen und die Burg Ramstein in der Umgebung entdecken. Schließlich mündet die Kyll bei Ehrang in die Mosel. Vom Bahnhof Ehrang fahren Züge sowohl zurück nach Jünkerath als auch Richtung Koblenz.

> **FAZIT: OB GEMÜTLICH ODER SPORTLICH UNTERWEGS – DAS IDYLLISCHE FLUSSTAL MIT SEINEN BURGEN UND ALTEN MÜHLEN IST FÜR ALLE RADFAHRER GENUSS PUR!**

Hin & Weg: Start ab Parkplatz Forsthaus, neben Prümer Straße 1, Hellenthal-Losheim. Alternativ mit dem dem Vareo Eifel (Köln - Gerolstein - Trier) bis Bahnhof Jünkerath. Anschluss an den Radweg direkt beim Bahnhof.

Beste Zeit: Frühling, Sommer, Herbst.

Dauer/Strecke: 1 Wochenende, Losheim - Ehrang 91 km, Jünkerath - Ehrang 63 km.

Ausrüstung: (E-)Bike, Proviant für unterwegs. E-Bike-Ladestationen gibt's am Kronenburger See, Bahnhof Jünkerath, Bahnhof Kyllburg.

Wenn es Nacht wird: Hotel Haus Kylltal, Dorfstraße 4, Zendscheid, www.kylltal.com

HÖHEN-FIEBER IM RURTAL

 ... Klettern in den Buntsandsteinfelsen von Nideggen

#50

Die spektakulären Felsentürme und steilen Wände des Rurtals sind nicht nur eine Augenweide, sondern auch eine beson-dere Herausforderung für Kletterer. Hier liegt eines der traditionsreichsten Kletter-gebiete der Eifel.

#Freiluftklettern #Adrenalin #wildromantisch #Eifelblick

Expresssets werden für die Zwischensicherung verwendet.

Die wild-romantischen Buntsandsteinfelsen im Rurtal hat der Kletterer Wolfgang Güllich trocken, aber auch anschaulich als »senkrechten Kartoffelacker« beschrieben. Die glatten rotschwarzen Kiesel haben tatsächlich die Größe von Kartoffeln und dienen beim Klettern als Griffe und Tritte. Sie sind fest mit dem rötlichen Sandstein verbunden, dennoch kann beim Klettern schon mal ein Stein herausbrechen. Vier der vielen Felsgruppen im Rurtal bei Nideggen sind ganzjährig zum Klettern freigegeben, die bekannteste davon ist der Effels. Er besteht aus 14 Massiven und Türmen, mit Höhen von 12 bis 20 Metern und ungefähr 150 Kletterrouten (UIAA 2 bis 8).

Die Nachmittagssonne scheint auf den Effels und taucht alles in ein warmes Licht. Die

Gruppe, die gerade hier ist, unternimmt seit vielen Jahren gemeinsame Klettertouren – zuerst nur die Eltern, jetzt klettern auch die inzwischen erwachsenen Kinder mit. Meistens geht die Reise in die Alpen, zur Abwechslung ist aber auch mal die Eifel interessant.

Andere Kletterbegeisterte und eine günstige Übernachtung sind in der Alpenvereinshütte im Pförtnerhaus der Burg Nideggen zu finden (Dürener Hütte), ebenso wie im nahegelegenen Ort Abenden. Campingplätze gibt es auch einige entlang der Rur. Oder man übernachtet in der modernen Jugendherberge von Nideggen. Sie liegt in direkter Nähe zu den Kletterfelsen und auf ihrem Dach befindet sich einer der Eifel-Blicke. Das sind besonders schöne Aussichtspunkte, hier mit Blick auf die Burg Nideggen.

Da die Felsen Teil eines Naturschutzgebiets sind, ist die Zahl der Kletterer pro Tag auf 150 begrenzt. Klettertickets können online oder vor Ort gekauft werden (siehe unten).

Hin & Weg: Mit den Buslinien 210, 221 und SB 88 bis ins Zentrum von Nideggen, mit der Linie 233 bis Haltestelle Abender Straße. Alternativ mit der Rurtalbahn (Düren – Heimbach) bis Bahnhof Nideggen-Brück. 2,5 km Fußweg bis zum Nationalpark-Tor. Startpunkt am Nationalpark-Tor Nideggen, Im Effels 10, Nideggen. Von hier führt ein Wanderweg (10 Min.) zu den Felsen.

Beste Zeit: Frühling, Sommer, fantastisch im Herbst.

Dauer: 1 Wochenende.

Ausrüstung: Kletterausrüstung. Kletterticket-Reservierung: Nationalpark-Tor Nideggen, Tel. 02427 3301150 oder Aral-Tankstelle, Im Altwerk 27, Nideggen.

Wenn es Nacht wird: Ab in die Hütte! Alle Hütten des Alpenvereins in der Eifel unter www.eifelhuetten.de

Am anderen Ende des Seils ist immer ein Partner oder eine Partnerin und Probleme werden gemeinsam gelöst (links). Burg Nideggen ist aus dem lokalen Buntsandstein gebaut.

Um das Wochenende abwechslungsreich zu gestalten, gibt es hier im mittleren Rurtal noch andere sportliche Möglichkeiten wie Kajakfahren oder Radeln auf dem RurUfer-Radweg. Durch die Felsenlandschaft von Nideggen führen verschiedene Wanderwege, unter anderem die Buntsandsteinroute (#52).

Das Städtchen Nideggen punktet mit einer interessanten Burg, inklusive Burgrestaurant, und einer lebendigen Altstadt mit vielen Cafés und Lokalen.

FAZIT: KLETTERN MACHT EINFACH SPAß — IM FREIEN NOCH VIEL MEHR ALS IN EINER KLETTERHALLE. DER ADRENALINSCHUB OBEN AN DER WAND IST AUCH NICHT SCHLECHT.

DIE WILDNIS RUFT

≳ ... unterwegs auf dem Lieserpfad ≲

#51

*Ein Wochenende für Zivilisationsmüde.
Auf Pfaden durch ein einsames Tal und
durch Schluchtwälder voller Moose und
Farne wandern. Blicke vom Lieserpfad auf
die Manderscheider Burgen werfen. Ruhe
finden in einer großartigen Natur.*

#Wanderklassiker #Stille # Einsamkeit #alpin #Wanderlust

Moos und Trompetenflechte. Aussichtspunkt mit Morgensonne. Meist führt der Weg auf halber Höhe des Talhangs entlang, oft auf Stegen.

Fehlt noch Proviant? In Daun gibt es die letzte Gelegenheit für kleine Besorgungen. Dann wird es nach und nach immer ruhiger auf dem Lieserpfad. Die letzte Möglichkeit zur Einkehr gibt es an der Üdersdorfer Mühle. Das Tal wird enger und alle Autogeräusche verstummen von nun an bis zum Tagesziel in Manderscheid. Jetzt im Oktober sind die Wiesenauen noch saftig grün, während die Herbstfärbung der Bäume bereits beginnt. Auch das Torfmoos, das an den Felswänden seitlich des Pfads wächst, hat ein interessantes Farbenspiel aus Rot- und Grüntönen. Der Weg verläuft teils unten im Tal in Bachnähe, dann wieder windet er sich weiter oben als Steg an den Felsen entlang. Immer wieder sieht man Steinmännchen, die Wanderer zuweilen als Zeichen der Verbundenheit mit dem Ort anhäufen. Auf dem letzten Stück des Wegs vor Manderscheid setzt langsam die Dämmerung ein, begleitet von einer fast mystischen Stimmung. Die ersten Lichter von Manderscheid tauchen auf, bevor die Dunkelheit alles umfängt.

Die Wegstrecke am nächsten Tag ist länger und so beginnt die Wanderung am besten

Hin & Weg: Start ab Gemündener Maar, Maarstraße, Daun-Gemünden. Mit den Linien 300 oder 560 bis Haltestelle Maarstraße. Rückfahrt von Wittlich mit der RegioLinie 300 nach Daun.

Beste Zeit: Schwierig bei Glatteis, sonst immer schön.

Dauer/Strecke: 2 Tage; 1. Tag: 5 Std., 18 km; 2. Tag: 7 Std., 26 km.

Ausrüstung: Proviant, Wanderschuhe, Taschenlampe.

Wenn es Nacht wird: Übernachten im Strohbett unter www.strohpension-eifel.de

früh. Die Morgensonne wirft ihr Licht auf die Ruinen der Oberburg und der Niederburg – ein unglaublicher Anblick! Je weiter man sich von Manderscheid entfernt, umso stiller wird es. Dafür wird die Landschaft noch dramatischer und der Lieserpfad mit einigen steilen Anstiegen herausfordernd. Unzählige Quellen entspringen am Talhang und queren den Weg. Kein Autolärm weit und breit. Nach 15 Kilometern stößt der Weg erstmals wieder auf eine Straße und nach weiteren fünf Kilometern lädt die Alte Pleiner Mühle zur Einkehr ein. Die Tour endet auf dem Marktplatz von Wittlich.

FAZIT: EIN ATEMBERAUBEND SCHÖNER WANDERKLASSIKER, DER (FAST) VOR DER HAUSTÜRE LIEGT.

NICHT NUR BUNTE FELSEN

… auf der Buntsandsteinroute

#52

Raue Nordeifel? Hier nicht. Das Rurtal ist erstaunlich mild und in den Buntsandstein-felsen von Nideggen kann es nachmittags richtig heiß werden. Heimbach, Ziel der Wanderung im Nationalpark, besitzt sogar einen Mini-Weinberg.

Felsformation in der Nähe von Nideggen (oben). Schöner Kontrast: herbstliche Buchen und Eichen und das leuchtend grüne Moos (unten). Das Hindenburgtor. Burg Nideggen, der Wohnturm (rechts).

dann von der Nachmittagssonne beleuchtet, entsteht ein wunderschönes Farbenspiel aus Gelb- und Rottönen.

Zwischendurch öffnet sich immer wieder die Sicht auf das Rurtal. Wilde Felsformationen, wie das Hindenburgtor und die Christinenley, lassen der Landschaft eine zusätzliche Portion Dramatik angedeihen. Das Städtchen Nideggen ist die Endstation für diesen Tag. Die große mittelalterliche Burg und viele Häuser in der Altstadt sind aus dem rötlichen Buntsandstein der Umgebung gebaut. Sie verleihen dem Städtchen einen besonderen Charakter. In der Altstadt, nahe bei der Burg, laden viele Restaurants zur Einkehr ein.

Die Tour beginnt am Bahnhof von Kreuzau und die Rurtalbahn bleibt auch ein ständiger Begleiter bis zum Ende der Wanderung in Heimbach. Mit elf Wanderbahnhöfen und Zügen im Stundentakt lässt sich die Dauer der Tagestouren je nach Lust und Laune durch Zugfahrten ergänzen.

Zunächst geht es entlang der Rur durch eine ruhige Auenlandschaft bis Üdingen. Danach verläuft der Weg weiter oben am Hang. Nicht verpassen: Einen Kilometer nach dem Aussichtspunkt mit Rastplatz und Kapelle zweigt die Buntsandsteinroute als Pfad nach links ab. Hier beginnt ein besonders schöner Abschnitt. An den trockenen und warmen Hängen gedeihen vor allem Buchen und Eichen. Das Laub der Bäume passt im Herbst fantastisch zu den rötlichen Felsen. Werden diese

Am nächsten Morgen geht es weiter zum Effels, einer imposanten Felsengruppe, die gerne von Kletterern besucht wird. Unten im Tal liegt Abenden, ein Ort mit schönen alten Fachwerkhäusern. Der Name des Orts leitet sich ab von »An den Benden«, das bedeutet

Hin & Weg: Mit der Rurtalbahn (Düren – Heimbach) bis Bahnhof Kreuzau, Abfahrtszeiten unter www. rurtalbahn.de. Dann der Buntsandsteinroute folgen.

Beste Zeit: Im Herbst ist das Farbenspiel am schönsten.

Dauer & Strecke: 1 Wochenende. 1. Tag: 5–6 Std., 15 km, 2. Tag: 6–7 Std., 17 km.

Ausrüstung: Eingelaufene Wanderschuhe.

Wenn es Nacht wird: Hotel-Restaurant Zur Ewigen Lampe im Zentrum von Nideggen www.ewigelampe. com

»schöne, saftige Wiesen«. Und diese Wiesen sind auch im Herbst noch leuchtend grün – ein schöner Kontrast zu den bunten Waldhängen! Ein letzter Anstieg auf einen bewaldeten Hügel und es geht hinunter nach Heimbach, in die kleinste Stadt Nordrhein-Westfalens. Der Luftkurort hat einiges zu bieten: die Burg Hengebach, viele Restaurants, Cafés und einen Kurpark mit besagtem Mini-Weinberg. Mit der Rurtalbahn geht es von hier aus bequem zurück zum Ausgangspunkt.

FAZIT: WILDE FELSLANDSCHAFTEN, LEICHT ERREICHBARE WANDERBAHNHÖFE AUF DER GANZEN STRECKE UND ZWEI KLEINE STÄDTCHEN BIETEN EINEN GUTEN MIX AUS ABENTEUER UND ENTSPANNUNG.

SONST NOCH WICHTIG

NARZISSEN

WEINBERGE

GEROLSTEINER
DOLOMITEN

Ein- und Überblick

*Karten für den schnellen Überblick, ein Orts-
register, praktische Tipps sowie mehr über
die Autorin und ihre liebsten Empfehlungen
gibt es auf den folgenden Seiten.*

GPX-Download aufs Smartphone - So geht's

Voraussetzung:
Eine Outdoor-App muss installiert sein, z. B. KOMPASS, Outdooractive oder Komoot. Zum Einlesen des QR-Codes benötigen ältere Android-Geräte eine QR-Code-App. Bei neueren Android- und iOS-Geräten ist diese Funktion in der Kamera integriert.

Daten downloaden:
1. Den QR-Code einlesen oder die Webadresse im Browser eingeben, um auf die Eskapaden-Website zu gelangen.
2. Die gewünschte Tour zum Download anklicken.
3. Bei IOS-Geräten werden die GPX-Daten direkt mit der vorab installierten App verknüpft. Bei Android-Geräten muss ggf. noch ein Weiterleiten-Button geklickt werden (z. B. oben rechts im Display). Manche Apps zeigen den Tourverlauf starr an, andere haben eine Navigationsfunktion dabei.

Tourenverlauf

GPX-Daten zum
kostenlosen Download
www.dumontreise.de/
eskapaden/eifel

short.travel/ppqn9

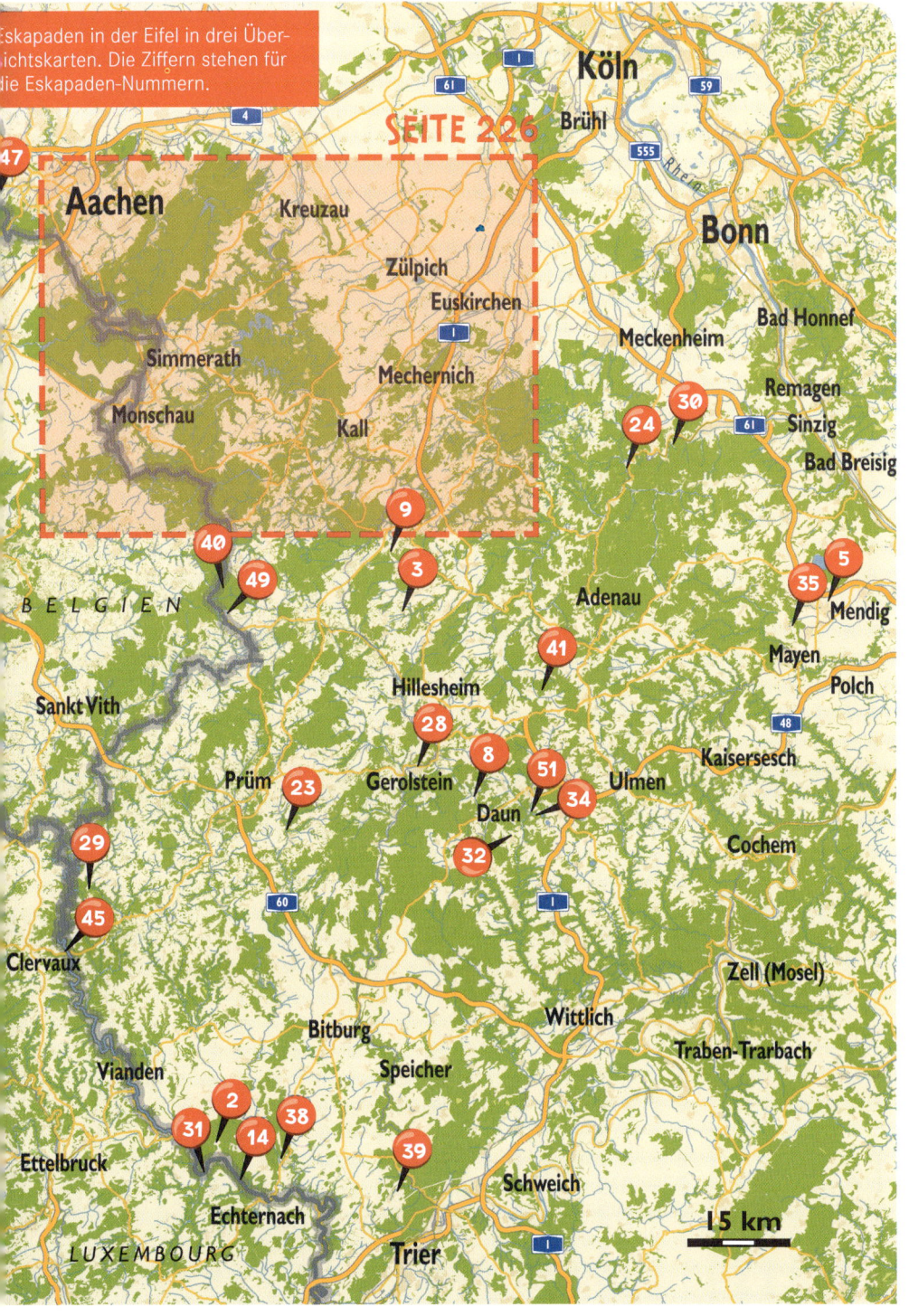

Eskapaden in der Eifel in drei Über-
sichtskarten. Die Ziffern stehen für
die Eskapaden-Nummern.

SEITE 226

Köln

Bonn

Aachen

Kreuzau

Zülpich

Euskirchen

Meckenheim

Bad Honnef

Remagen

Sinzig

Bad Breisig

Simmerath

Mechernich

Monschau

Kall

24

30

Brühl

47

40

49

9

3

35

5

Mendig

BELGIEN

Adenau

Mayen

Polch

Sankt Vith

Hillesheim

41

28

8

51

34

Kaisersesch

Prüm

23

Gerolstein

Daun

Ulmen

Cochem

29

32

45

Clervaux

Zell (Mosel)

Wittlich

Bitburg

Traben-Trarbach

Vianden

Speicher

2

31

14

38

39

Schweich

Ettelbruck

Echternach

LUXEMBOURG

Trier

5 km

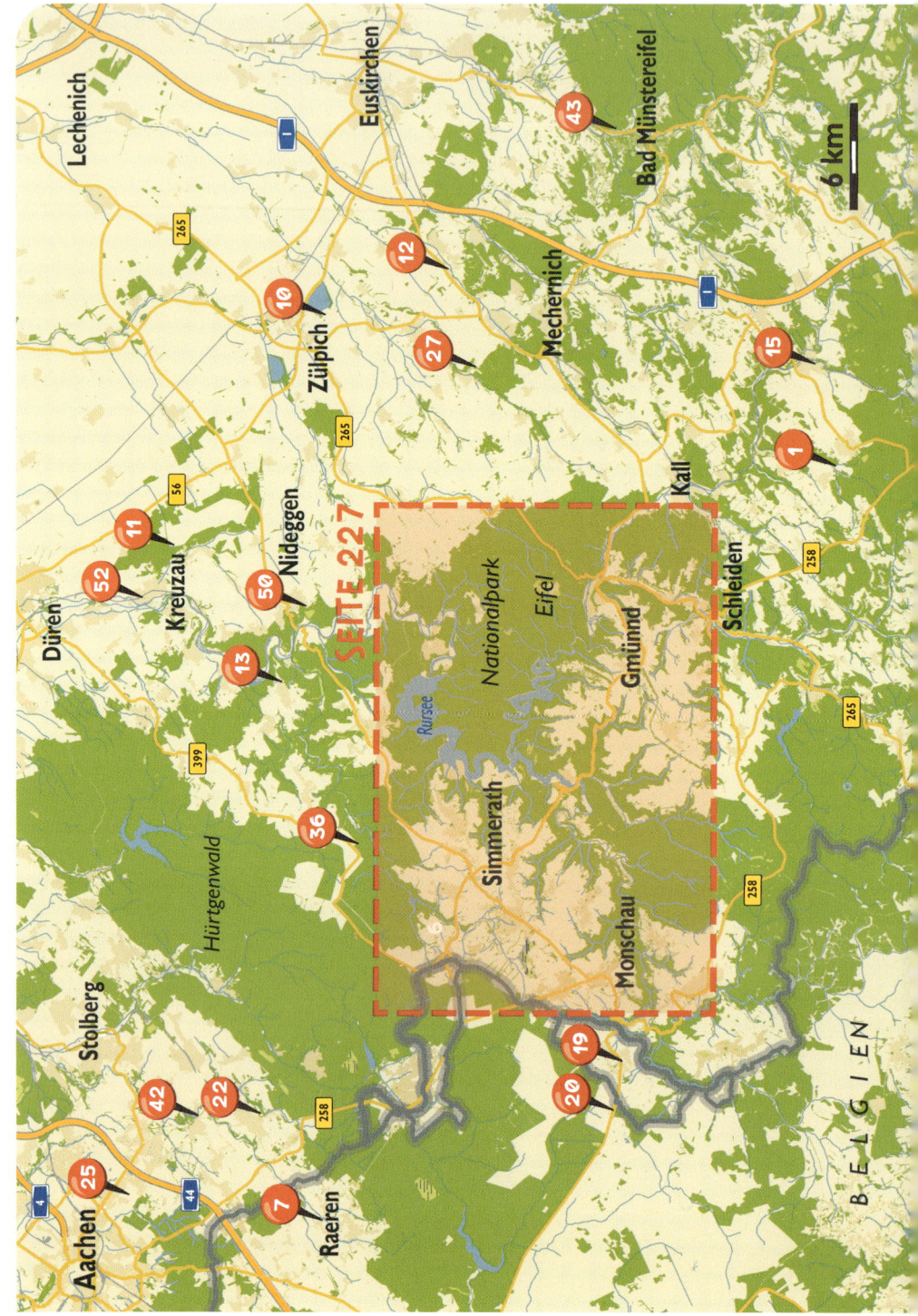

NOCH MEHR ESKAPADEN ...

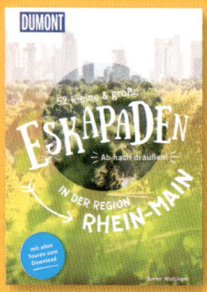 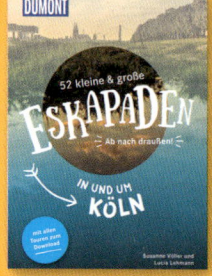 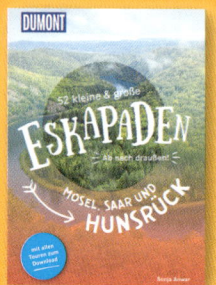

ISBN 978-3-7701-8091-2   ISBN 978-3-7701-8073-8   ISBN 978-3-616-11003-5

... erhalten Sie im gut sortierten Buchhandel
und unter www.dumontreise.de

IMPRESSUM

Konzeption Monique Sorban

Projektmanagement Svenja Heinle, Monique Sorban

Cover-/Buchgestaltung & Illustrationen Carolin Weidemann, Köln, www.weidemann-design.com

Lektorat & Produktion Verlagsbüro Wais & Partner, Stuttgart (Claudia Fahlbusch, Beate König, Julia Rietsch, Kai Wieland) www.wais-und-partner.de

Fotos Loni Liebermann, Herzogenrath, mit Ausnahme folgender Bilder: Titelseite (©sara_winter - stock. adobe.com); S. 5 (Andrea Wurth); S. 198 (Harald Bardenhagen); S. 231 (Ruth Ijewski und Verena Muhl)

Kartografie © MAIRDUMONT, Ostfildern, unter Verwendung von Kartendaten von © OpenStreetMap-Mitwirkende, Lizenz CC-BY-SA 2.0

Printed in Poland

5. Auflage 2024
© 2018 DuMont Reiseverlag, Ostfildern
ISBN 978-3-7701-8070-7
www.dumontreise.de

MIX
Paper from
responsible sources
FSC® C139602

love
Freiheit.

Geschmacks-sachen

Ein typisches Gericht der Eifel ist Döppekooche, aus geriebenen Kartoffeln, Zwiebeln und Speck. Keine Tour durch das Ahrtal ohne Zwiebelkuchen und Rotwein (#30)! Perfekter Durstlöscher: Mineralwasser aus der Vulkaneifel (#49). Auch an alkoholischen Getränken hat die Eifel einiges zu bieten: Bitburger Bier und Obstbrände wie den »Bolli« (#2).

Weiterlesen

Einmal im Jahr erscheinen »Wanderland Eifel« und das »Radmagazin Eifel«, beide anzusehen oder zu beziehen über www.eifel.info/informationen, Tel. 06551 96560. www.eifelzeitung.de informiert über den rheinland-pfälzischen Teil der Eifel. Reichlich Info-Material liegt in allen Tourist-Informationen aus.

GUT ZU WISSEN ...

Ohne Auto

Eine Bahnstrecke führt von Köln oder Bonn diagonal durch die Eifel bis Trier. Kleinere Strecken, wie Rur-, Ahrtalbahn und Vulkanexpress ergänzen das Angebot. Mehr dazu unter www.fahrtzielnatur.de. Von den Bahnhöfen aus geht es mit regionalen Buslinien weiter. Interessant sind spezielle Angebote, wie z.B. der Shuttle-Bus vom Bahnhof Kall zum Nationalpark, das »Mäxchen« für Wanderer im Nationalpark, der TaxiBus im Kreis Euskirchen, der Fahrradbus ab Aachen, der Eifelsteig-Wanderbus.
... auch interessant: Sondertarif SchönerTagTicket für 5 Personen (nur NRW).

Sicherheit & Notfälle

Kostenfreier Notruf: 112. SOS-Rettungspunkte gibt es auf vielen Wanderwegen. Dann Notruf wählen und Kennziffer des Rettungspunktes durchgeben.

Vor Ort im Netz

www.der-eifelyeti.de – ein umfangreicher Blog mit Schwerpunkt Wandertouren; www.meineeifel.de – wandern, essen, persönliche Vorlieben; www.endlicheifel.de – ein Online-Magazin in Blog-Form.

ESKAPADEN-REGISTER ...

⊋ Alle Orte mit Seitenverweisen ⊊

LONI LIEBERMANN

≥ … über die Autorin ≤

Die Liebe zur Landschaft hat Loni auf eine nun schon viele Jahre dauernde Entdeckungsreise in die Eifel geführt. Sie liebt es, ihrer Neugierde zu folgen, auch abseits der bekannten Wege. In Bewegung zu sein ist für sie ein Schlüssel zum Glück. Je mehr sie sich mit der Eifel beschäftigt, umso größer wird ihre Leidenschaft für diese ausgesprochen vielfältige Landschaft.

Da sie immer mit der Kamera unterwegs ist, lag es nahe, eine Website mit den zahlreichen Fotos zu machen. Zusammen mit Ruth Ijewski und Matthias Ijewski entstand so www.euregio-im-bild.de

Eifel für Genießer

Eskapade #30: Dieser Weg macht einfach gute Laune. Liegt's an den regionalen Spezialitäten? Der Sonne? Der unglaublich schönen Aussicht? Hier im Ahrtal ist Wandern mit Muße angesagt!

Glücksmomente

Eskapade #9: Oft sind es die kleinen Dinge, die glücklich machen. Zum Beispiel ein Pfad durch eine zauberhafte Blumenwiese mit vielen Schmetterlingen, ein Baum wie aus einem Märchen, ...

5 BESONDERE EMPFEHLUNGEN ...

Waldgeheimnisse

Eskapade #23: Nur das leise Rauschen der Bäume. Lebendige Stille. Sich öffnen für die verborgenen Kräfte des Waldes und innerlich Raum schaffen, damit sie sich entfalten können. Ruhig und verwunschen – die Schönecker Schweiz.

Alles rollt

Eskapade #25: Autonom, aber völlig autofrei: das »autonome Netz für langsam fließenden Verkehr«. Einst eine Bahnstrecke zwischen Deutschland, Belgien und Luxemburg, ist der insgesamt 124 km lange Vennbahnradweg heute perfekt für Radfahrer und Skater.

Vom Schnee verzaubert

Eskapade #20: Mal wieder knapp am Schnee vorbei in den tiefen Lagen. Genau der richtige Moment für diese Tour. Hier oben gibt es jetzt beste Chancen auf eine Winterwunderwelt mit glitzerndem Schnee und Raureif.